Doppel-Klick 9

Differenzierende Ausgabe

Das Arbeitsheft Plus

Erarbeitet von
Grit Adam, Kathleen Breitkopf, Ulrich Deters,
Silvia Engel, Rainer Schremb, Britta Wurst

Unter Beratung von
Andrea Hüttig
und August-Bernhard Jacobs

Cornelsen

Inhaltsverzeichnis

Arbeitstechniken findest du in den Klappen und auf der vorderen Umschlagseite.

Z Hier findest du zusätzliche Aufgaben zum Weiterarbeiten.

Sachtexten Informationen entnehmen

Texte überfliegen und auswählen

Mithilfe von Materialien erstellst du die Gliederung für ein Referat.

➤ Die Arbeitstechnik „Der Textknacker“ findest du in der vorderen Klappe.

Textknacker
Schritt 1:
Vor dem Lesen

1 **a.** Lies den Arbeitsauftrag. Achte auf die Aufforderungsverben.
b. Betrachte Bilder, Überschriften, Formen der Materialien.

Dein Arbeitsauftrag

Der Regenwald ist wichtig für das Weltklima – aber er schrumpft jedes Jahr. Wie ist der Regenwald aufgebaut? Wodurch ist der Regenwald gefährdet? Wie kann man im Regenwald nachhaltige Landwirtschaft betreiben?
- Suche Antworten auf diese Fragen in den Materialien 1 bis 7.
- Arbeite eine Gliederung für einen informativen Text zum Thema aus.

Zusatzaufgabe: Schreibe den informativen Text.

Material 1

Landwirtschaft im tropischen Regenwald

Im tropischen Regenwald ist es das ganze Jahr über warm und feucht. Das sind scheinbar günstige Voraussetzungen für die Landwirtschaft. Die Böden sind jedoch nährstoffarm und unfruchtbar. Es gibt keine Humusschicht. Wer auf weiten gerodeten Flächen anbauen und mit Gewinn ernten will, der muss dem Boden durch große Mengen von Düngemitteln Nährstoffe zuführen.
Auch für traditionelle Formen der Landwirtschaft wird Regenwald gerodet, um überhaupt Felder anlegen zu können. Sträucher und kleinere Bäume werden umgeschlagen und in Brand gesetzt. Bei größeren Bäumen wird die Rinde eingekerbt, damit der Baum abstirbt. Die Urwaldriesen bleiben häufig stehen, damit sie den künftigen Jungpflanzen Schatten spenden und ihr Wachsen schützen. Durch die Brandrodung entstehen die sogenannten Rodungsinseln, die anschließend als Felder genutzt werden. Die Asche düngt den Boden, der mit Hacken und Grabstöcken gelockert und für die Saat vorbereitet wird. In der Nähe der Rodungsinseln entstehen für ein paar Jahre die Siedlungen der Menschen. Nach drei bis fünf Jahren ist der Boden ausgelaugt und seine mühsam erzeugte Fruchtbarkeit sinkt. Dann werden die Felder aufgegeben. Die Menschen bereiten die nächsten Brandrodungsflächen vor. Genauso haben es auch die Europäer vor Jahrhunderten mit ihren Urwäldern gemacht.
Häufig werden nur die Felder verlegt, während die Dörfer dauerhaft bewohnt bleiben. Aber wenn keine Felder in der Nähe der Siedlung angelegt werden können, ziehen die Bauern weiter. Man spricht deshalb vom Wanderfeldbau. Die aufgegebenen Äcker werden in kurzer Zeit von Büschen und Kräutern überwuchert. Der Wald kehrt zurück. Keine 20 Jahre, und es ist ein Sekundärwald nachgewachsen. Allerdings wird er nie wieder den Artenreichtum des Waldes erreichen, der über Jahrhunderte gewachsen ist.
Viele Dorfgemeinschaften versuchen, vom Dauerfeldbau zu leben. Sie bleiben in ihren Hütten und legen weitab neue Felder an. Dort werden Früchte angebaut, die sie auf den Märkten der Städte anbieten oder in kleinen Betrieben weiterverarbeiten. Beispielsweise werden aus den fasrigen Schalen der Kokosnüsse feste Gewebe hergestellt, die für die Innenausstattung von Autos verwendet werden. Neben den Hütten legen die Menschen Hausgärten an, in denen sie für den eigenen täglichen Bedarf säen und ernten. Dauerfeldbau ist nur möglich, wenn extrem gedüngt wird oder Felder länger brach liegen, um sich zu erholen.

Material 2

Der tropische Regenwald – ein Kreislauf des Lebens

Der tropische Regenwald ist ein Paradies für Pflanzen und Tiere. Biologen schätzen, dass über die Hälfte aller Tier- und Pflanzenarten auf der Erde nur in dieser Region vorkommen. Die Mehrzahl der Arten ist kaum erforscht. Viele von ihnen hat noch nie ein Mensch gesehen. Größere pflanzenfressende Tiere sind selten. Dafür bevölkern Insekten (zum Beispiel Termiten) in Massen den Boden. Rund 90 Prozent der tierischen Mieter des immer feuchten Waldhauses sind Insekten. Es gibt etwa 10 000 Baumarten. Das Bild der Regenwälder wird von Bäumen bestimmt. Sie und die anderen Pflanzen gedeihen das ganze Jahr über. An einem einzigen Baum können sich gleichzeitig Blüten, frische und welkende Blätter sowie junge und reife Früchte befinden. Das feuchtwarme Klima sorgt dafür, dass der tropische Regenwald immer grün ist.
Bis zu 80 Meter hoch ragen einzelne Baumriesen. Sie durchstoßen das Dachgeschoss des Regenwaldes und werden Überständer genannt. Das Dachgeschoss besteht aus den Kronen von 40 bis 50 Meter hohen Bäumen. Sie bilden eine geschlossene Decke, auf der etwa zwei Drittel aller Tier- und Pflanzenarten des tropischen Regenwaldes leben. Fliegende und kletternde Tiere haben es leichter, von Baum zu Baum zu gelangen. Deshalb sind Affen weit verbreitet. Die Baumkronen sind so eng und dicht verwachsen, dass Regen und Sonne kaum durchdringen. Deswegen liegen die jungen Bäume und Sträucher im Mittelgeschoss und die Pflanzen im Erdgeschoss darunter in einem dämmerigen, in Bodennähe fast düsteren Licht. Der tropische Regenwald schafft ein Klima für sich selbst und ist zugleich eine Klimaanlage für die Erde. Seine gewaltige Verdunstung setzt Energiemengen frei, die bis nach Nordeuropa transportiert werden.
Nur ein bis zwei Prozent des Sonnenlichts und etwa ein Drittel der Regenmassen dringen durch die dichte Decke der Baumkronen. Pilze, Farne und Blütenpflanzen passen sich der immer gleichen Feuchtigkeit, Temperatur und dem Dämmerlicht an. Millionenheere von Treiberameisen ziehen am Boden durch den Wald und vertilgen Spinnen, Insekten und sogar kleinere tote Säugetiere und Reptilien. Blätter und abgestorbene Äste werden sehr schnell von Termiten und Würmern zersetzt. So schnell, dass sich kaum nährstoffreicher Humus bilden kann. Lange Zeit glaubte man, dass die Böden des Regenwaldes besonders fruchtbar seien. Das ist ein Irrtum. Schon nach wenigen Zentimetern stößt man unter der oberen Bodenschicht auf Sand und Lehm. Die Bäume, selbst die jahrhundertealten Urwaldriesen, können sich nur halten, weil sie sich mit meterhohen, verzweigten Wurzeln über der Erde im Erdgeschoss festkrallen.

Material 3

Die Banane

Bananen gehören zu den bekanntesten und weit gereisten Früchten des Regenwaldes. Sie wachsen das ganze Jahr über. Sie sind auch das ganze Jahr über in den Supermärkten erhältlich. Manche Leute sagen, wenn alles in Ordnung ist, es sei „alles Banane". Vermutlich, weil sie köstlich schmeckt. Aber die Redewendung ist ungenau. Denn es gibt 100 verschiedene Bananenarten. Korrekterweise müsste man sagen: Alles goldene Banane. Oder: Alles Dessertbanane. Oder: Alles Kochbanane. Hingegen lässt sich die Frage, warum die Banane krumm ist, einfach beantworten. Sie krümmt sich zum Licht der Sonne hin, wenn sie in ihrer Staude am Baum hängt. Allerdings kann man sich fragen, warum nicht auch Äpfel, Birnen und Pflaumen krumm sind, weil die ja auch die Sonne brauchen, um zu reifen.

Material 4

Regenwälder in Gefahr

Der tropische Regenwald umspannt als grüner Gürtel beiderseits des Äquators die Erde. Millionen von Jahren war er sich selbst überlassen und schuf ein Ökosystem, das sich selbst regulierte. 15 000 000 Quadratkilometer Paradies – das war einmal. Im vergangenen halben Jahrhundert ist es um die Hälfte geschrumpft. Der Mensch entdeckte die Schatzkammer und begann, sie zu plündern. Der Regenwald schien ein unerschöpflicher Lieferant von Bodenschätzen, edlen Hölzern und Früchten zu sein. 40 Prozent der Medikamente in unseren Apotheken bestehen aus tropischen Pflanzen, zum Beispiel Chinin aus dem Chinarindenbaum. Die Kosmetikindustrie braucht tonnenweise das Fleisch der Kokosnuss für die Herstellung von Gesichtscremes. Doch wir Menschen müssen begreifen, dass der Raubbau am Regenwald ein Raubbau an der Existenz der ganzen Erde ist.

Den Wanderfeldbau kann man noch als ökologisches Wirtschaften bezeichnen. Anders ist es mit den Rodungsweiden, auf denen Hunderttausende Rinder grasen. In den letzten Jahren hat sich der Rinderbestand in Amazonien mehr als verdoppelt. Weite Flächen des Regenwaldes fallen Plantagen zum Opfer, auf denen Soja als Viehfutter angebaut wird. Tropische Hölzer wie Mahagoni, Teak und Ebenholz sind schon seit Jahrtausenden begehrt. Um an die Bäume heranzukommen, werden Schneisen in den bis dahin unberührten Wald geschlagen. Wird einer der Urwaldriesen umgesägt, dann reißt er beim Fallen andere Bäume und Sträucher mit. Etwa 75 Prozent des umgebenden Waldes werden vernichtet, wenn ein kostbarer Baum zu Boden kracht. Auf den Straßen, die Bulldozer und Raupenschlepper in den Wald pflügen, fahren Lastwagen oft tagelang, um die Stämme zu den Häfen und Holzwerken zu bringen. Es wird geschätzt, dass in Asien bereits 70 Prozent des Regenwaldes vernichtet sind. Im südamerikanischen Amazonien führt der Abbau von Eisenerz, Gold, Bauxit und Kupfer zum Abtragen ganzer Berge und zur Bildung von Stauseen, die weite Teile des Waldes überfluten. Weltweit wird alle zwei Sekunden Regenwald von der Größe eines Fußballfeldes vernichtet, pro Jahr eine Fläche von der Größe Griechenlands.

Der Raubbau am Regenwald führt zur Umsiedlung, Vertreibung oder sogar Ausrottung von Stämmen der Ureinwohner. Sie verlieren ihren Lebensraum wie unzählige Arten von Tieren und Pflanzen. Es entstehen soziale Konflikte zwischen denen, die vom Raubbau profitieren, und denen, deren Heimat verschwindet. Ihr Lebensraum verwandelt sich in totes Land. Wo die Pflanzendecke fehlt, fließt der Regen sofort ab. Der ungeschützte Boden wird durch Erosion abgetragen. In den meisten abgeholzten Regionen wird deshalb nie wieder Wald wachsen. Tropenhölzer wie Sipo oder Sapelli sind zwar von der Möbelindustrie begehrt – aber ein Baum dieser Art braucht 400 bis 900 Jahre, ehe er erntereif ist. Wo dieser mahagoniähnliche Baum stirbt, da wächst nichts nach. Und wenn die Rodungsflächen keine Feuchtigkeit mehr abgeben, dann ändert sich das Klima auf der gesamten Welt und der Kohlenstoffdioxid-Gehalt der Atmosphäre nimmt zu.

Material 5

Wanderfeldbau

Material 6

Gründe und Ausmaß der Rodung tropischer Regenwälder

Material 7

Aufbau des Regenwaldes

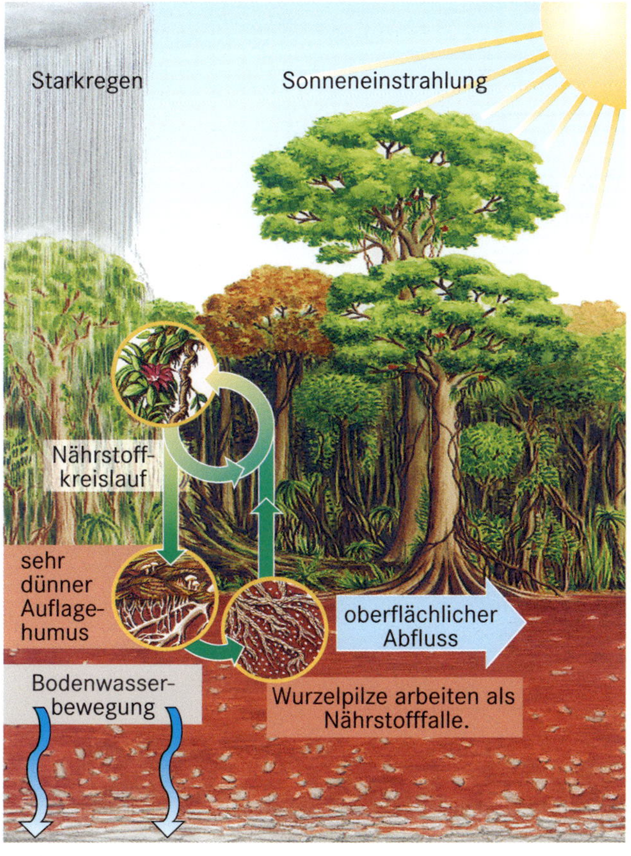

Deine Gliederung soll die gestellten Fragen übersichtlich beantworten. Dafür erschließt du zuerst die geeigneten Materialien.

Textknacker
Schritt 2:
Den Text überfliegen

2 **a.** Lies deinen Arbeitsauftrag auf Seite 4 noch einmal.
b. Welche Fragen sollst du in deiner Gliederung beantworten? Schreibe sie auf.
c. Welche Materialien beantworten diese Fragen? Notiere die Materialien.
d. Welches Material benötigst du nicht? Schreibe die Bezeichnung auf.

Frage 1: ______________________________

Text: ______________ **Grafik:** ______________

Frage 2: ______________________________

Text: ______________ **Grafik:** ______________

Frage 3: ______________________________

Text: ______________ **Grafik:** ______________

nicht benötigtes Material: ______________________________

Grafiken helfen dir, eine erste Vorstellung vom Thema zu bekommen.

3 Was zeigt das Material 5? Schreibe einen Satz auf.

____

4 Welche zwei Fragen beantwortet das Material 6? Schreibe sie auf.

A *Was sind die Gründe* ______________________________

B ______________________________

5 Wo im Material 6 werden die Fragen A und B aus Aufgabe 4 beantwortet? Beschreibe in Stichworten, wo sich die Informationen in der Grafik befinden.

A ______________________________

B ______________________________

6 Was zeigen die zwei Bildelemente des Materials 6? Schreibe einen Satz auf.

____

7 **a.** Welche Vorgänge stellt das Material 7 dar? Achte auf die Pfeile. Beschreibe deine Vermutungen in eigenen Worten.
b. Wer oder was ist an beiden Vorgängen vermutlich noch beteiligt? Schreibe auf.

Vorgang 1: *zeigt, wie Wasser* ______________________________

Vorgang 2: ______________________________

An beiden Vorgängen beteiligt: ______________________________

8 Welche Fragen zum Thema kannst du mit den Grafiken nicht beantworten? Auf welche weiteren Fragen erwartest du Antworten in den Texten? Schreibe Fragen in dein Heft.

Sachtexte mit Fragen erschließen

Du untersuchst die Texte mit Fragen und notierst wichtige Stichworte.

Textknacker
Schritt 3:
Beim genauen Lesen

1 Welche Informationen beantworten die Fragen des Arbeitsauftrags? Markiere in den Texten Schlüsselwörter, die auf die Fragen antworten.

2 **a.** Womit wird der Aufbau des Regenwaldes verglichen? Schreibe einen Satz.

____

b. Frage nach den „Bewohnern“ der verschiedenen Bereiche im Regenwald. Schreibe mindestens vier Fragen auf.

Welche Pflanzen überragen das Dachgeschoss des Regenwaldes?

____

____

____

3 Zeige den Aufbau des Regenwaldes an einer der Grafiken. Trage vier Begriffe aus Aufgabe 2 richtig neben Material 7 auf Seite 7 ein.

4 **a.** Zur Untersuchung welcher Texte eignen sich die folgenden Fragen? Trage jeweils die Materialnummer des Textes ein.
b. Schreibe fünf eigene Fragen zur Untersuchung der Texte in dein Heft.

- [ ] Welche Tiere weiden auf Rodungsweiden im Regenwald?
- [ ] Was passiert mit dem Wald, bevor Felder angelegt werden können?
- [ ] Wie groß ist der Anteil der Tier- und Pflanzenarten im Obergeschoss?
- [ ] Gibt es im Regenwald bestimmte Jahreszeiten (Blütezeit, Obsternte)?
- [ ] Wie lange dauert es, bis die Fruchtbarkeit des Bodens sinkt?
- [ ] Was passiert mit dem Boden in den abgeholzten Regionen bei Regen?
- [ ] Womit werden die Felder gedüngt?
- [ ] Welche Wirkung hat die Verdunstung im Regenwald auf das Klima?
- [ ] Warum heißt diese Form der Landwirtschaft Wanderfeldbau?
- [ ] Warum ist die Banane krumm?
- [ ] Wie groß ist der Anteil an Medikamenten, die aus tropischen Pflanzen hergestellt werden?

5 Beantworte die Fragen aus Aufgabe 4 in Stichworten. Schreibe dazu die Fragen und die Antworten in dein Heft.

Starthilfe

Wie groß ist der Anteil der Tier- und Pflanzenarten, die im Obergeschoss leben?
– etwa zwei Drittel, Tier- und Pflanzenarten, Obergeschoss ...

Z **In Sachtexten werden Metaphern und Vergleiche bewusst eingesetzt.**

6 **a.** Suche in den Materialien nach Metaphern und Vergleichen. Markiere sie.
b. Wie wirken Metaphern und Vergleiche in Sachtexten? Beschreibe die unterschiedliche Wirkung anhand von Beispielen.

Starthilfe

Das Wort „Schatzkammer“ in Material 4 ist eine Metapher für ...

Informationen gliedern

**Du gliederst die Informationen zum Regenwald für deinen Text.
Du schreibst Zwischenüberschriften für die drei Teile auf.
Darunter notierst du jeweils die wichtigen Informationen in Stichworten.**

Textknacker
Schritt 4:
nach dem Lesen

1 Schreibe für die Teile deines Textes über den Regenwald Überschriften auf.

Teil 1 ___

Teil 2 ___

Teil 3 ___

2 **a.** Schreibe passende Zwischenüberschriften zu den drei Teilen in dein Heft.
Tipp: Überlege vorher, wie viele Zwischenüberschriften es geben soll.
b. Notiere zu jeder Zwischenüberschrift wichtige Informationen in Stichworten.

mehr zu Stichworten
➤S. 12–13

Starthilfe

Der Stockwerkbau des Regenwaldes
– in diesem ersten Teil: Stockwerkbau Regenwald, ...

Du ergänzt eine Überschrift sowie Stichworte für Einleitung und Schluss, du schreibst deine Gliederung vollständig auf und überprüfst das Ergebnis. Bearbeite die folgenden Aufgaben in deinem Heft.

3 **a.** Schreibe passende Fragen und Stichworte für deine Einleitung auf.
- Was kannst du über deine Gliederung des Themas sagen? Schreibe Stichworte auf.
- Welche Materialien hast du verwendet? Nenne die Titel der Materialien.

b. Welche Überschrift gibst du deinem informierenden Text? Schreibe sie auf.
c. Welche Meinung hast du zum Thema? Notiere Stichworte für den Schluss.

4 **a.** Schreibe die vollständige Gliederung auf.
Du kannst dabei die Struktur vom Rand verwenden.
Tipp: Du kannst die Gliederung auch mit dem Computer schreiben.
b. Überprüfe deine fertige Gliederung mithilfe der Checkliste.

Überschrift
– *Einleitung*
1. Überschrift von Teil 1
  – *Worum geht es in Teil 1?*
1.1 Zwischenüberschrift
  – *Stichworte zu 1.1*
1.2 Zwischenüberschrift
  ...
2. Überschrift von Teil 2
  ...
3. Schluss

Checkliste: Eine Gliederung schreiben	ja	nein
Habe ich mich über das **Thema** genau informiert?	☐	☐
Habe ich meinen **Arbeitsauftrag** genau beachtet?	☐	☐
Habe ich eine passende **Überschrift** gefunden?	☐	☐
Habe ich das Thema **in Teile gegliedert**?	☐	☐
Habe ich die Teile mit **Zwischenüberschriften** gegliedert?	☐	☐
Habe ich zu jeder Zwischenüberschrift **Stichworte** notiert?	☐	☐
Enthalten meine Stichworte **alle wichtigen Informationen**?	☐	☐
Habe ich **zum Schluss** meine **Meinung** zum Thema geäußert?	☐	☐

Z **Du schreibst mithilfe deiner Gliederung einen informativen Text.**

5 Schreibe mithilfe deiner Gliederung einen Text in ganzen Sätzen.
- Beachte die Arbeitstechnik „Einen informativen Text schreiben“.
- Du kannst die Grafiken der Materialien 5 bis 7 verwenden.
- Du kannst den Text auch mit dem Computer schreiben.

Eine Gliederung überarbeiten

Du überarbeitest eine Gliederung mithilfe der Checkliste von Seite 10.

1 a. Welcher Teil fehlt in der Gliederung ganz?
Zeichne einen Pfeil ein und bezeichne den fehlenden Teil am Rand.
b. Welcher Teil ist für das Thema überflüssig? Streiche ihn durch.
c. Welche Überschriften sind zu lang und nicht gut formuliert? Markiere sie.
Schreibe die Überschriften am Rand neu auf.
d. An welcher Stelle fehlt eine wichtige Überschrift?
Zeichne einen Pfeil ein und schreibe eine Überschrift an den Rand.
e. Mehrere Teile sind nicht in Stichworten notiert. Markiere sie.

mehr zu Überschriften
➤ S. 10

mehr zu Stichworten
➤ S. 12–13

Die Gefahr im Regenwald und der Aufbau des Regenwaldes

Teil 1: Wir erfahren, wie der Regenwald in Stockwerken aufgebaut ist.
- Regenwald, Stockwerke: Dachgeschoss, Mittelgeschoss, Erdgeschoss
- Welche Tiere und Pflanzen? Wie viel Licht? Wie viel Regen?

Das Dachgeschoss des Regenwaldes
- Kronen der Bäume (40–50 Meter), geschlossene Decke
- einzelne Überständer (Urwaldriesen bis 80 Meter)
- zwei Drittel aller Tiere und Pflanzen

Das Mittelgeschoss des Regenwaldes
- junge Bäume, Sträucher
- dämmriges Licht

Das Erdgeschoss des Regenwaldes
- Bodennähe, kaum nährstoffreicher Humus, düster (nur 2 % des Sonnenlichts)
- Pilze, Farne, Moose, Wurzeln der Bäume
- Millionenheere von Treiberameisen

Teil 2: Wir verstehen die Gründe für die Zerstörung des Regenwaldes.
- Regenwald wird gerodet, um Holz zu gewinnen und andere Rohstoffe.
- Rinderherden weiden oder Plantagen
- Medikamente und Kosmetika kommen auch aus dem Regenwald.

Da wächst nichts mehr – die Folgen der Zerstörung des Regenwaldes.
- Boden schwimmt bei Regen weg (Erosion), Wald wächst nicht nach (400–900 Jahre braucht ein Baum), Boden erwärmt sich stärker, Klima ändert sich weltweit.

Teil 3: Wir erfahren, wie der Wald nachhaltig genutzt werden kann.
- Beim Wanderfeldbau wächst der Wald wieder nach. Wie funktioniert das?

Rodungsinseln
- Brandrodung, Urwaldriesen bleiben stehen, Anbau von Nahrung
- drei bis fünf Jahre, Boden ausgelaugt

Der Wald kehrt zurück.
- nach 20 Jahren Sekundärwald, nicht genauso üppig

Teil 4: Warum ist die Banane krumm?
- wächst zum Licht, 100 verschiedene Bananensorten

Schluss: Ich finde es schlecht, dass das Ökosystem zerstört wird. Ein riesiges Paradies (15 Millionen Quadratkilometer) ist durch den Menschen um die Hälfte geschrumpft (jedes Jahr mehr als 100 000 Quadratkilometer weniger).

2 Überarbeitete die Gliederung. Schreibe in dein Heft.

Stichworte notieren

Mithilfe der Arbeitstechnik übst du, wichtige Inhalte in Stichworten zu notieren.

1 Lies die Arbeitstechnik „Stichworte notieren“.

Arbeitstechnik

Stichworte notieren
- Verwende **Spiegelstriche** (–), um Stichworte zu gliedern.
- Lass **Artikel** weg.
- Lass **Adjektiv-Endungen** weg (z. B.: „groß“ statt „großen“).
- Ersetze lange Wörter durch **kürzere Wörter** (z. B.: „groß“ statt „herausragend“).
- Notiere **Verben** möglichst **kurz** (z. B.: „hergestellt“ statt „wurden hergestellt“).
- Schreibe Zahlen als **Ziffern** (z. B.: „12“ statt „zwölf“).
- Verwende **Abkürzungen** und **Symbole** (z. B. „&“ oder „+“ statt „und“).
- **Kürze** lange **Nomen**. Achte aber darauf, dass die Bedeutung eindeutig bleibt (z. B.: „Super“ statt „Super-Benzin“).
- Verwende **Abkürzungen** (z. B. „vgl.“ statt „vergleiche“).

Symbole und Abkürzungen sparen bei Stichworten Platz und Zeit.

2 **a.** Ordne die Abkürzungen und Symbole vom Rand ihren Bedeutungen zu.
b. Ergänze eine eigene Abkürzung oder ein Symbol auf der letzten Linie.

________	wegen	________	zum Teil/teilweise
________	Prozent	________	das bedeutet/das ist
________	oder Ähnliches	________	daraus folgt/das hat zur Folge
________	ohne	________	zum Beispiel
________	oder	________	________________

z. B.	z. T.	=
→	%	-
o. Ä.	/	wg.

3 **a.** Lies die folgenden Notizen für ein Referat.
b. Kürze die Notizen mithilfe der Arbeitstechnik zu Stichworten.
- Streiche zuerst alle verzichtbaren Wörter.
- Notiere am Rand neue Stichworte mit Bleistift. Verwende dabei zum Beispiel Abkürzungen und Symbole.

Die Einführung des Biosprits in Deutschland

- ~~Der~~ Biosprit heißt E 10.
- E 10 hat zehn Prozent Bio-Ethanol-Anteil, der zum Beispiel aus Weizen, Rüben, Mais gewonnen wird.
- Normales Super-Benzin hat nur fünf Prozent Bio-Ethanol-Anteil.
- E 10 wurde im Februar 2011 nach wochenlangen Verzögerungen eingeführt.
- Die Autofahrer sind teilweise verunsichert, ob ihr Auto E 10 verträgt oder beschädigt werden könnte.
- Zehn Prozent der Autos könnten durch E 10 beschädigt werden.
- Im Internet gibt es eine Liste der Autos, die kein E 10 vertragen.

Stichworte sollen zwar so kurz wie möglich sein, aber derjenige, der sie notiert, sollte später noch verstehen, was er damit gemeint hat.

4 Was könnte mit den folgenden Notizen gemeint sein?
Schreibe deine Vermutungen in ganzen Sätzen daneben auf.

Trick mit Super Plus:
- *Schutzsorte E5 ist Pflicht.*
- *Super 95 Oktan*
- *Super Plus 98 Oktan*
- *5-8 Cent teurer*

5 Warum sind die Stichworte unter Aufgabe 4 kaum zu verstehen?
Schreibe deine Vermutung auf und begründe sie.

6 **a.** Lies den Text zu den vorhergehenden Notizen mithilfe des Textknackers.
b. Gib in Stichworten wieder, worin „der Trick mit dem Super Plus" besteht. Beachte dabei die Arbeitstechnik „Stichworte notieren".

➤ Die Arbeitstechnik „Der Textknacker" findest du in der vorderen Klappe.

Der Trick mit dem Super Plus[1]

Um die Autos betanken zu können, die kein E 10 vertragen, hat Umweltminister Norbert Röttgen (CDU) den Ölkonzernen eine weitere Pflicht ins Gesetz geschrieben: Sie müssen eine sogenannte Schutzsorte mit maximal fünf Prozent Ethanol (E 5) an jeder Tankstelle anbieten. Und hier tut sich ein großes Missverständnis auf. Offensichtlich sind Politik und Verbraucherverbände davon ausgegangen, dass die Tankstellen E 5 und E 10 zum gleichen Preis anbieten. Doch daraus wird nichts. „Das herkömmliche Super E 5 mit 95 Oktan (Super) wird nicht mehr angeboten", sagt Shell-Experte Jörg Adolf. Sowohl die Raffinerien als auch die Tanklager und die Tankstellen hätten schlicht nicht den Platz und die Kapazität, um eine solch kleine Sorte weiter zu produzieren und zu lagern. Somit hätten die Tankstellen keine andere Wahl, als ihr höherwertiges Benzin mit 98 Oktan (Super Plus), das statt E5 getankt werden kann, aber deutlich teurer ist, und das neue E10 anzubieten. „Das entspricht in vollem Umfang den gesetzlichen Regelungen", heißt es beim MWV. Nun müssen rund drei Millionen Autofahrer 98-Oktan-Benzin tanken und für den Liter je nach Anbieter fünf bis acht Cent mehr bezahlen. Der ADAC ist empört. „Diese Preisgestaltung ist ein Schlag ins Gesicht derjenigen Autofahrer, die nach wie vor E5-Benzin tanken müssen", sagt ADAC-Präsident Peter Meyer.

Deine Stichworte:

Z **7** Erkläre einem Partner oder einer Partnerin den Trick mithilfe der Stichworte.

1 Der Text erschien am 20. 02. 2011. Nach den Protesten wurde wieder Super 95 angeboten.

Sachtexte erschließen und zusammenfassen

Einen Textauszug lesen und verstehen

Du liest einen Text zum Thema „Abfälle im Meer“ mithilfe des Textknackers und fasst ihn zusammen. Anschließend kannst du Stellung dazu nehmen.

➤ Die Arbeitstechnik „Der Textknacker“ findest du in der vorderen Klappe.

Zuerst überlegst du, was du schon über das Thema weißt.

vor dem Lesen

1 Was weißt du über Abfälle im Meer? Notiere Stichworte.

____

____

____

2 Lies die Überschrift „Abfälle im Meer“ und schaue dir die Abbildungen an. Schreibe auf, worum es in diesem Textauszug gehen könnte.

____

____

die Materialien überfliegen

3 Du überfliegst die Materialien. Schreibe zu den Materialien Begriffe auf, die dir aufgefallen sind.

gravierendes Problem

____

____

Dieser Text ist ein Auszug aus einer Studie des Umweltbundesamtes.

Material 1

Abfälle im Meer – ein Überblick

Bei dem Thema „Abfälle im Meer“ handelt es sich um ein gravierendes[1] ökologisches, ökonomisches und ästhetisches Problem. Nach dem deutschen Kreislaufwirtschafts- und Abfallgesetz sind „Abfälle alle beweglichen Sachen, deren sich ihr Besitzer entledigt, entledigen will und entledigen muss“. Meeresmüll ist durch das UN-Umweltprogramm (2005 a) folgendermaßen definiert: „Marine Abfälle sind alle langlebigen, gefertigten oder verarbeiteten beständigen Materialien, die durch Wegwerfen oder als herrenloses Gut in die Meeresumwelt gelangen“ („Marine litter is any persistent, manufactured or processed solid material discarded, disposed or abandoned in the marine coastal environment“).

Diese Definition schließt ein:
- Müll, der vom Land aus ins Meer gelangt (durch Abwässer, Mülldeponien, illegale Müllbeseitigung an der Küste, durch Tourismus und Freizeitaktivitäten);
- Müll, der von Schiffen (inklusive Fischereifahrzeugen), Aquakultur- und Offshoreanlagen[2] ins Meer oder an die Küste gelangt.

Mariner Abfall befindet sich an der Meeresoberfläche, auf dem Grund sowie an Stränden. Durch Wellen und Strömungen verteilt sich der Müll weltweit über den gesamten Globus. Etwa 70 Prozent des Mülls sinken ab und lagern im oder auf dem Meeresboden. Mariner Abfall birgt ein ernstes Gefährdungspotenzial für Meereslebewesen

1 gravierend: schwerwiegend, entscheidend

2 die Offshoreanlage: eine Anlage (z. B. Windkraftanlage), die in erheblichem Abstand von der Küste steht

Dazu zählen das Verheddern in Müllteilen und die orale Aufnahme mit dem Risiko des Erstickens und Verhungerns der Meereslebewesen. Das Verfangen in Netzen (insbesondere aus Monofilament[3]), Angelleinen, Tauen oder Plastikmaterial – etwa Sixpack-Verpackungen oder Plastikbeutel – stellt zudem eine signifikante[4] Gefahr für Seevögel, Schildkröten, Delfine, Wale und andere marine Lebewesen dar. Vor allem jene Arten, die nahe an oder auf der Meeresoberfläche leben, sind betroffen. Laut der „US Marine Mammal[5] Commission“ sind 136 marine Arten bekannt, die sich regelmäßig in Müll verfangen (darunter sechs Arten Meeresschildkröten, 51 Arten Seevögel und 32 Arten marine Säuger – UNEP 2009 a). Insofern führt mariner Müll auch zu Verlusten in der Biodiversität[6].

Ein Zehntel des gesamten Mülls in den Weltmeeren – das entspricht rund 640 000 Tonnen – geht zu Lasten der im Wasser treibenden oder auf den Grund gesunkenen Fischereiausrüstung. Dazu zählen beispielsweise verlorene Netze (Geisternetze) und Angelschnüre mit Haken. Sie verbleiben noch jahrelang im Wasser. Hierin verfangen sich Meerestiere. Vor allem in küstennahen Gebieten und Riffen schädigen sie kleine zerbrechliche Organismen wie Schwämme und Korallen (UNEP, 2005 b).

Plastikmüll ist mit etwa 70 Prozent des eingetragenen Abfalls besonders bedeutend, denn die Abbauzeit beträgt hier bis zu 450 Jahre. Das wird lediglich von Aluminiumdosen mit bis zu 500 Jahren überboten. Plastik wird beim Abbau durch physikalische, biologische und chemische Degradation[7] in immer kleinere Teile zersetzt.
Die mikroskopisch kleinen Partikel (Mikroplastik) haben eine weitere negative Eigenschaft: Sie konzentrieren gefährliche Chemikalien in der marinen Umwelt auf ihrer Oberfläche und stellen damit eine potenzielle Eintragsroute für diese Stoffe in das marine Nahrungsnetz dar.
Eine weitere negative Folge marinen Mülls sind die hohen Kosten der Abfallbeseitigung für die Küstengemeinden und betroffenen Wirtschaftszweige, einschließlich des Tourismus. [...]

3 das Monofilament: der Kunststofffaden
4 signifikant: bedeutsam
5 mammal (engl.): das Säugetier
6 die Biodiversität: die Artenvielfalt und Vielfalt von Ökosystemen
7 die Degradation: die Zersetzung

Material 2

Wie lange dauert es, bis der Müll im Meer abgebaut ist?

Dein Arbeitsauftrag

Schreibe eine Zusammenfassung des Textauszuges „Abfälle im Meer – ein Überblick". Formuliere die Zusammenfassung so, dass auch Schülerinnen und Schüler der unteren Klassen den Text leicht verstehen können.

- Bearbeite dazu die Aufgabenstellungen zum Verständnis des Textauszuges. Berücksichtige die Fotos. Beziehe auch die Informationen aus dem Schaubild ein.
- Bereite dann mithilfe von Überschriften und Schlüsselwörtern eine Zusammenfassung des Textauszuges vor.

Zusatzaufgabe: Schreibe einen Leserbrief zu dem Problem des marinen Mülls und beziehe Stellung darin. Entwickle in deiner Stellungnahme auch Lösungsansätze.

4 **a.** Lies deinen Arbeitsauftrag genau.
b. Was sollst du tun? Schreibe das Ziel des Arbeitsauftrages in dein Heft.
c. Wie gehst du vor, um dieses Ziel zu erreichen?
Beachte die Aufforderungsverben des Arbeitsauftrages. Schreibe deine Vorgehensweise in Stichworten auf.

beim genauen Lesen

Beim genauen Lesen notierst du dir wichtige Informationen und schreibst sie in dein Heft.

5 **a.** Lies die einzelnen Absätze des Textauszuges genau.
b. Schreibe für jeden Absatz eine passende Zwischenüberschrift auf.

6 **a.** Markiere in jedem Absatz Schlüsselwörter.
b. Schreibe Stichworte zu den Zwischenüberschriften auf.

Starthilfe

Was sind marine Abfälle?
- ein gravierendes Problem,
- Materialien, die in die Meeresumwelt gelangen,
...

7 Welche Fragen hast du an den Text? Schreibe zwei Fragen auf.

____

____

____

8 **a.** Finde die folgenden Wörter und Wortgruppen im Text.
Schreibe jeweils die richtigen Zeilenangaben in die Klammern.
b. Was bedeuten diese Wörter? Schreibe eine passende Erklärung auf.
Tipp: Manche Wörter kannst du dir aus dem Textzusammenhang erklären. Nutze auch die Fußnoten oder schlage die Wörter in einem Lexikon nach.

ein gravierendes Problem (Z. 2) ______________________________

der marine Abfall (Z. ______) ______________________________

die orale Aufnahme (Z. ______) ______________________________

die Biodiversität (Z. ______) ______________________________

die Mikroplastik (Z. ______) ______________________________

Das Textverständnis überprüfen

Mithilfe der folgenden Aufgaben kannst du dein Textverständnis überprüfen.

1 Beantworte die folgenden Fragen in ganzen Sätzen.

A Wie kommt der Müll ins Meer? Nenne zwei Beispiele aus dem Text.

B Worin besteht die Gefahr für Meereslebewesen?

C Warum ist der Plastikmüll ein gravierendes Problem?

2 Kreuze die richtigen Aussagen an.

- ☐ Besonders Plastikmüll führt zur zunehmenden Verschmutzung der Meere und Zerstörung der Biodiversität.
- ☐ Es dauert sehr lange, bevor Plastikmüll im Meer abgebaut ist.
- ☐ Die Biodiversität wird durch den Plastikmüll im Meer nicht angegriffen.

3 Erkläre diesen Satz mit eigenen Worten. Schreibe die Erklärung auf.

„Marine Abfälle sind alle langlebigen, gefertigten oder verarbeiteten beständigen Materialien, die durch Wegwerfen oder als herrenloses Gut in die Meeresumwelt gelangen."

4 Beziehe das Schaubild auf Seite 15 in das Textverständnis ein.
Beantworte folgende Fragen dazu in deinem Heft.
- Was verdeutlicht das Schaubild?
- Welche Müllsorte stellt das größte Problem dar?
- Warum ist gerade diese Müllsorte so problematisch?

5 Auf welchen Absatz bezieht sich das Schaubild?
Schreibe die Zeilenangaben auf.

Z **6** Begründe, warum die Abbauzeiten in einem Schaubild dargestellt werden.
Schreibe die Begründung in dein Heft.

Du findest in diesem Textauszug viele Nominalisierungen. Der Nominalstil wird in vielen Broschüren und Gesetzen von Behörden verwendet. Er ist manchmal schwer verständlich.

7 Schreibe die nominalisierten Verben mit den Begleitern aus dem Textauszug auf.

durch Wegwerfen, ______________________________

____

____

____

8 Formuliere diese Sätze um und ersetze den Nominalstil.

A Viele Materialen gelangen durch Wegwerfen oder als herrenloses Gut in die Meeresumwelt.

____

____

B Durch die Abfälle im Meer besteht das Risiko des Erstickens und Verhungerns der Meereslebewesen.

____

____

C Für die Meeresbewohner kann das Verfangen in Netzen eine große Gefahr darstellen.

____

____

Oft findest du auch viele Fremdwörter in Texten von Behörden, die das Lesen erschweren.

9 Durch welches Wort kannst du das markierte Wort jeweils ersetzen? Kreuze an.

A Das Verfangen in Netzen, Angelleinen, Tauen oder Plastikmaterial stellt zudem eine **signifikante** Gefahr für Seevögel, Schildkröten, Delfine, Wale und andere marine Lebewesen dar.

- ☐ überschätzte
- ☐ bedeutsame
- ☐ symbolische
- ☐ einmalige

B Plastik wird beim Abbau durch physikalische, biologische und chemische **Degradation** in immer kleinere Teile zersetzt.

- ☐ Vermischung
- ☐ Zersetzung
- ☐ wichtige Verteilung
- ☐ Verarbeitung

Die Zusammenfassung schreiben

Arbeitstechnik

Einen Text zusammenfassen

In einer Zusammenfassung gibst du die wichtigsten Inhalte eines Textes wieder.

- Nenne in der Einleitung den **Titel**, den **Autor**, das **Thema** und die **Textsorte** und, wenn möglich, die **Fundstelle**.
- Gib im Hauptteil nur **die wichtigsten Informationen** in wenigen Sätzen mit deinen eigenen Worten wieder.
- Schreibe im **Präsens**. Wenn Geschehnisse vor anderen stattgefunden haben, verwendest du das **Perfekt**.
- **Vermeide wörtliche Rede** und ersetze sie durch **indirekte Rede** mit dem Konjunktiv.

1 Formuliere eine Einleitung zum Textauszug „Abfälle im Meer – ein Überblick“.

____

____

____

____

____

2 Schreibe die wichtigsten Informationen in Stichworten auf.
Nutze dafür deine Ergebnisse aus den Aufgaben 5 und 6 von Seite 16.

____

____

____

____

____

____

____

3 Schreibe in deinen eigenen Worten eine Zusammenfassung des Textes.
Ergänze sie mit den Informationen aus dem Schaubild.

4 Überarbeite deine Zusammenfassung mithilfe der Checkliste.

Checkliste: Einen Text zusammenfassen	ja	nein
Habe ich in der Einleitung den **Titel**, den **Autor**, das **Thema**, die **Textsorte** und die **Fundstelle** genannt?	☐	☐
Habe ich im Hauptteil nur **die wichtigsten Informationen** in wenigen Sätzen wiedergegeben?	☐	☐
Habe ich im **Präsens** geschrieben?	☐	☐
Habe ich, wenn nötig, das **Perfekt** verwendet?	☐	☐
Habe ich **wörtliche Rede vermieden** oder durch **indirekte Rede** mit dem Konjunktiv ersetzt?	☐	☐

Z Weiterführendes: Eine Stellungnahme schreiben

Dein Arbeitsauftrag

Zusatzaufgabe: Schreibe einen Leserbrief zu dem Problem des marinen Mülls und beziehe Stellung darin. Entwickle in deiner Stellungnahme auch Lösungsansätze.

1 Lies den Text mithilfe des Textknackers.

Hässlicher Plastikmüll an schönen Stränden – Sigrid Totz

Fahren Sie in den Ferien ans Meer? Dann werden Sie sich wohl wie ich bei Strandspaziergängen über den angeschwemmten Müll ärgern. Besonders hässlich finde ich den halb zerfallenen Plastikkram, der an den Stränden landet und sich mittlerweile weltweit verteilt hat. Wussten Sie, dass es mehr als hundert Jahre dauern kann, bis sich Plastik im Meer aufgelöst hat?

Müll im Meer ist kein neues Phänomen. Die Menschen kippen ihren Dreck schon seit Jahrtausenden in die See. Solange die Menge gering blieb und aus biologisch abbaubaren Substanzen bestand, sorgten Bakterien, Wellenschlag und UV-Licht[1] für eine schnelle Eingliederung der Bestandteile in den Kreislauf des Lebens. Doch das hat sich geändert, seit langlebige Plastikmaterialien hergestellt werden – Flaschen, Tüten, Feuerzeuge und all die anderen Dinge, die sich aus den leicht formbaren Erdölprodukten erzeugen lassen.

Weltweit werden jährlich 125 Millionen Tonnen Kunststoff produziert, unzählige Millionen Tonnen davon gelangen schließlich als Müll ins Meer, zu 80 Prozent über die Flüsse. Die Kunststoffe zerfallen zwar in immer kleinere Teile, werden aber meistens nicht von Bakterien zerlegt. Manche Plastikkomponenten sind derart widerstandsfähig, dass sie in 400 Jahren noch nicht restlos verschwunden sein werden – was auch daran liegt, dass die Zersetzung in kühlem Meerwasser noch langsamer verläuft. UNEP[2], das Umweltprogramm der Vereinten Nationen, hat kürzlich gemeldet, dass durchschnittlich bis zu 18 000 Plastikteile auf jedem Quadratkilometer Ozean treiben.

Mehr als eine Million Seevögel und 100 000 Meeressäugetiere und Schildkröten gehen jährlich an den Resten von Plastikmüll zugrunde. Die Tiere ersticken in Sechserpackträgern, strangulieren sich mit treibenden Netzresten. Viele Seevögel ernähren sich nur von dem, was sie auf der Wasseroberfläche vorfinden. Offensichtlich wirken unter anderem die roten Schraubverschlüsse einer Getränkemarke besonders attraktiv auf sie. Die Tiere fliegen an Land und füttern mit ihrem Mageninhalt die Jungvögel, die dann verhungern und verdursten – mit vollem Bauch. Ihre Mägen haben einfach keinen Platz mehr für echte Nahrung.

Weltweit werden jährlich mehr als 600 Milliarden Plastiktüten hergestellt. Australien will noch dieses Jahr die Plastiktüten aus dem Verkehr ziehen. Bangladesh hat Plastiktüten bereits im Jahr 2000 verboten, China gerade die Gratisvergabe von Tüten. Und Frankreich hat die Plastiktüte 2010 abgeschafft. Es ist höchste Zeit, dass es eine EU-weite Regelung für dieses Problem gibt.

1 das UV-Licht: ultraviolettes Licht, Teil der Sonnenstrahlung
2 UNEP: United Nations Environment Programme – Umweltprogramm der Vereinten Nationen

2 Formuliere in eigenen Worten, worum es in diesem Zeitungsartikel geht.

____

____

____

3 Erkläre die Begriffe aus dem Textzusammenhang.
Schreibe die Erklärungen auf.

biologisch abbaubare Substanzen (Z. 12) ______________________________

Kreislauf des Lebens (Z. 15) ______________________________

Plastikkomponenten (Z. 25–26) ______________________________

4 **a.** Welche Probleme stellt die Autorin dieses Artikels dar? Kreuze an.
b. Wo wird im Zeitungsartikel das Problem beschrieben?
Ergänze die Zeilenangaben.

- ☐ Plastikmüll im Meer gab es schon immer. (Z. ______)
- ☐ Gerade Plastikmüll stellt ein großes Problem dar, weil er sich 40 Jahre halten kann. (Z. ______)
- ☐ Seevögel halten den Müll für Nahrung und ersticken daran. (Z. ______)
- ☐ Ein Verbot von Plastiktüten könnte einen Teil des Problems lösen. (Z. ______)

5 Welche Meinung der Autorin wird zum Thema „Plastikmüll" deutlich?
a. Markiere die Textstellen, die die Meinung der Autorin verdeutlichen.
b. Schreibe diese auf.

Die Autorin Sigrid Totz ärgert sich über ______________________________

____

6 Was ist deine Meinung? Nimm Stellung zum Thema.
a. Schreibe in Stichworten drei Argumente für deinen Standpunkt auf die Linien.
b. Belege deine Argumente mit Beispielen. Notiere sie dahinter.

____

____

____

7 Welche Lösungen für die Probleme schlägst du vor?
Schreibe deine Vorschläge auf.

Plastiktüten sollten in Europa sofort verboten werden, ______________________________

____

____

8 Löse die Zusatzaufgabe und schreibe den Leserbrief in dein Heft.
Verwende deine Argumente, deine Beispiele und deine Lösungsvorschläge.

Schriftlich argumentieren

Argumente sammeln

Du liest einen Zeitungsartikel und Aussagen zu einem Thema. Anschließend nimmst du in einem Leserbrief Stellung dazu.

➤ Die Arbeitstechnik „Der Textknacker“ findest du in der vorderen Klappe.

1 Lies den Zeitungsartikel mithilfe des Textknackers.

28. Januar 2009

Als Chantal plötzlich doppelt existierte

In Mainz trafen sich Experten, Lehrer und Schüler, um über Datenschutz in sozialen Netzwerken zu diskutieren. Besonderes Augenmerk lag auf den Problemen, die Kinder und Jugendliche in schülerVZ & Co. bekommen können. Aufklärung schon in der Schule, lautet die einhellige Forderung.

Chantal hat von schülerVZ erst einmal die Nase voll. Gleich zweimal innerhalb weniger Wochen haben Unbekannte ihre Daten benutzt und eine Kopie ihrer virtuellen Identität in dem beliebten Online-Netzwerk erstellt. In ihrem Namen haben die Unbekannten dann unter anderem ein Foto von Adolf Hitler hochgeladen, sodass in der gesamten Netzgemeinde der Eindruck entstehen konnte, sie sympathisiere mit rechtsextremen Einstellungen. „Es hat mir die Tränen in die Augen getrieben“, beschrieb die 16-jährige Schülerin auf einem Symposium[1] zum Thema „Datensicherheit in sozialen Netzwerken“ in Mainz ihre Stimmung nach dem virtuellen Identitätsdiebstahl. Vier lange Tage habe es gedauert, bis der Betreiber der Plattform das gefälschte Profil aus dem Netz genommen habe. Als die Täter sie dann auch noch bedroht hätten, sei sie zur Polizei gegangen, berichtete Chantal weiter. Die Anzeige sei allerdings ohne Ergebnis eingestellt worden.

Ob mit der Löschung aber auch sämtliche Spuren der gefälschten Identität ein für alle Mal aus der virtuellen Öffentlichkeit verschwunden sind, bezweifelten die meisten Experten der Veranstaltung im ZDF-Sendezentrum.

Rund 300 Datenschützer, Medienexperten, Wissenschaftler, Lehrer und Schüler diskutierten am Europäischen Datenschutztag auf Einladung der Daten- und Jugendschutzbeauftragten des ZDF sowie des Landesbeauftragten für den Datenschutz in Rheinland-Pfalz über das „Daten-Outing“ von Heranwachsenden in Netz-Communitys.

Zu groß, zu unübersichtlich sei das World Wide Web mit all seinen Verästelungen, um einmal veröffentlichte Daten zuverlässig wieder entfernen zu können. Wer einmal persönliche Daten ins Netz gestellt hat, wird sie ohne professionelle Hilfe den Blicken der Netzgemeinde nicht wieder entziehen können, lautete die einhellige Meinung der Referenten.

Was die User in Foren, Blogs und neuerdings sogenannten sozialen Netzwerken freiwillig von sich geben, lässt nicht nur bei Datenschützern die Alarmglocken schrillen. Längst müssen sich auch Polizei und Gerichte mit den Folgen von leichtfertigem Daten-Strip[2] und ihrer kriminellen Nutzung beschäftigen. Penetrante[3] Werbepost und gefälschte E-Mails mit der Aufforderung, Kontoverbindung samt PIN- und TAN-Nummern der Hausbank als vermeintlichem Absender mitzuteilen, finden sich beinahe täglich im virtuellen Posteingang vieler Internetnutzer.

Den freizügigen Umgang mit persönlichen Angaben haben die Betreiber der Kontakt-Plattformen zum Geschäftsprinzip erhoben: Um Mitglied zu werden, sollen die Nutzer neben Namen und Geburtsdatum auch ihr Hobby, ihre politische Orientierung und Religion angeben. Und als reiche das nicht, um sich interessant zu machen, lassen Jugendliche im wahrsten Sinne des Wortes die Hüllen fallen.

1 das Symposium: eine wissenschaftliche Tagung
2 der Daten-Strip: Metapher für den leichtfertigen Umgang mit den eigenen Daten
3 penetrant: unangenehm aufdringlich

Dabei verdrängen viele, dass die ganze Welt zugucken kann, was nicht nur in Bewerbungsgesprächen bisweilen zu unliebsamen Überraschungen führen kann. [...]

„Die Eltern haben oft keine Ahnung“

Vor allem Kinder und Jugendliche veröffentlichten allzu häufig freimütig private Daten wie Adressen, Hobbys, Vorlieben und sogar Telefonnummern auf den Profilseiten der Netzwerkbetreiber, ohne sich der Gefahren einer missbräuchlichen Nutzung bewusst zu sein, bestätigte Petra Kain von der Zentralen Jugendkoordination des Polizeipräsidiums Westhessen. Das versuche sie durch Aufklärungsarbeit in den Schulen und auf Elternabenden zu verändern. Kain zieht nach ihren jahrelangen Bemühungen eine ernüchternde Zwischenbilanz: „Eltern haben oft nicht die geringste Ahnung, wo ihre Kinder im Internet unterwegs sind, wen sie dort alles treffen können und was sie alles von ihrer Privatsphäre preisgeben.“ Gleichzeitig wachse der soziale Druck auf die Kinder, auf bestimmten Netz-Communitys präsent zu sein. „Schon im 6. Schuljahr sind Schüler einfach out, wenn sie nicht auf schülerVZ angemeldet sind.“ Vor dem Hintergrund der wachsenden Bedeutung des Internets für die Heranwachsenden müsse das Thema „Datenschutz und Identitätsmanagement“ künftig stärker in der Schule berücksichtigt werden, forderten die Teilnehmer der abschließenden Podiumsdiskussion. „Information, Aufklärung und Bewusstseinsbildung sollten mit praxistauglichen Angeboten verbunden werden, um der Generation Internet ein risikoärmeres Kommunikationsverhalten zu vermitteln. Über eines müssten sich aber alle Nutzer von Online-Kontaktbörsen klar sein: Das Internet vergisst nie!“

Bernd Schmid

2 Worum geht es in dem Zeitungsartikel? Schreibe das Thema auf.

____

____

3 Erkläre diese Begriffe aus dem Textzusammenhang.

eine virtuelle Identität (Z. 11) ______________________

das „Daten-Outing“ (Z. 38) ______________________

das „Identitätsmanagement“ (Z. 94) ______________________

Dein Arbeitsauftrag

Schreibe einen Leserbrief an eine Computer-Zeitschrift, in dem du Stellung zu der Nutzung von sozialen Online-Netzwerken nimmst und deine Meinung darstellst und begründest.
- Stelle eine Tabelle mit Pro- und Kontra-Argumenten zusammen. Nutze dazu den Zeitungsartikel (S. 22–23) und die Schüleräußerungen auf S. 24. Ergänze eigene Argumente.
- Verdeutliche die Argumente durch Beispiele.
- Entscheide dich für einen Standpunkt und stelle eine These auf.
- Ordne die Argumente nach ihrer Wichtigkeit.
- Gliedere die Argumentation nach dem Sanduhrprinzip. Entkräfte dabei auch ein Gegenargument.
- Schreibe einen Leserbrief mit drei Pro- und drei Kontra-Argumenten.

4 **a.** Lies deinen Arbeitsauftrag genau. Wie gehst du vor? Schreibe die einzelnen Schritte in Stichworten in deinem Heft auf.
b. Schreibe die Fragestellung für deine Argumentation auf.

Eine Sammlung von Pro- und Kontra-Argumenten hilft dir, deine Meinung überschaubar darzulegen und zu begründen.

5 Welche Argumente zur Nutzung von sozialen Online-Netzwerken findest du in dem Zeitungsartikel?

a. Entscheide, ob es sich dabei um Pro- oder Kontra-Argumente handelt, und markiere sie in jeweils unterschiedlichen Farben in dem Zeitungsartikel.

b. Fasse zusammen, welche Argumente hauptsächlich genannt werden.

6 Was sind deine Erfahrungen im Umgang mit Sozialen Online-Netzwerken? Schreibe einen Text, in dem du die folgenden Fragen beantwortest.

- Welche sozialen Online-Netzwerke kennst du?
- Welche nutzt du?
- Wie wichtig sind diese Online-Netzwerke für dich?

____

____

____

____

____

____

____

____

____

7 **a.** Lies die Äußerungen der Schülerinnen und Schüler.

b. Entscheide zwischen Pro- und Kontra-Argumenten und markiere sie in jeweils unterschiedlichen Farben.

soziale Online-Netzwerke

- Was nützen mir 100 Freunde bei Facebook, wenn keiner in der Nähe ist, mit dem ich mal weggehen kann?
- Mit Online-Communitys habe ich weltweit Kontakte und kann so Freundschaften schließen und mich austauschen.
- Man gehört eben dazu – das ist wichtig!
- Man kann alte Freunde wiederfinden und Kontakt halten!
- Du kannst kreativ unterwegs sein und durch kleine Filme oder Ähnliches zeigen, was du kannst.
- Jeder weiß doch, dass mit den Informationen auch Datenmissbrauch getrieben werden kann.
- Die Leute leben nicht mehr in der richtigen Welt, sondern kommunizieren nur noch im Netz. Das macht einsam.
- Wenn man es eine Zeit lang gemacht hat, ist es langweilig. Ich treffe mich lieber mit meinen Freundinnen.
- Die ständige Werbung nervt, genauso wie die ständigen Anfragen: „Willst du mein Freund sein?“

8 **a.** Ordne alle Pro- und Kontra-Argumente aus dem Zeitungsartikel und den Schüleräußerungen in die Tabelle ein. Schreibe Stichworte auf.
b. Ergänze deine Argumente.

	Pro-Argumente		Kontra-Argumente
___	- weltweite Kontakte	___	- virtueller Identitätsdiebstahl
___	- Freundschaften schließen	___	
___		___	
___		___	
___		___	
___		___	
___		___	
___		___	

9 Welches Argument überzeugt dich am stärksten?
a. Markiere es in der Tabelle.
b. Begründe, warum es dich am stärksten überzeugt.

____

____

10 Welches Argument überzeugt dich nicht?
Schreibe das Argument auf und entkräfte es.

____

____

____

11 Entscheide, wie wichtig die Argumente in deiner Tabelle sind.
Nummeriere sie in den schmalen Spalten entsprechend ihrer Wichtigkeit (1 = sehr wichtig, 2 = wichtig, 3 = weniger wichtig usw.).

Die folgenden Aufgaben bearbeitest du in deinem Heft.

12 Wähle aus der Tabelle drei Pro- und drei Kontra-Argumente aus und formuliere sie in ganzen Sätzen. Verdeutliche jedes Argument mit einem Beispiel.

Starthilfe

Pro	Kontra
Man kann ganz einfach mit Leuten in der ganzen Welt kommunizieren. Ich habe durch Facebook Kontakte in den USA, in Kanada und in der Türkei. ...	Virtueller Identitätsdiebstahl ist ein großes Problem im Internet. Wie oft liest man, dass Profile gefälscht und neu verwendet werden. ...

13 Was denkst du über den Umgang mit sozialen Online-Netzwerken?
Formuliere deine Meinung in einer These und schreibe sie auf.

Die Argumentation gliedern

Arbeitstechnik

Eine Argumentation schreiben

Mit einer **Argumentation** stellst du deine Meinung dar. Sie besteht aus einer **These**, die du mit **Argumenten** begründest. Die Argumente stützt du durch **Beispiele**.
In der **Einleitung** benennst du die Fragestellung des Themas und formulierst deine Position.
Im **Hauptteil** führst du die Pro- und Kontra-Argumente auf und gehst dabei nach dem Prinzip der **Sanduhr** vor. Du beginnst mit dem stärksten Argument der Gegenposition und endest danach beim schwächsten Argument. Du kannst an dieser Stelle Gegenargumente entkräften.
Zur Unterstützung deiner Position beginnst du mit dem schwächsten Argument und endest mit dem stärksten Argument.
Im **Schlussteil** fasst du deine Position noch einmal zusammen.

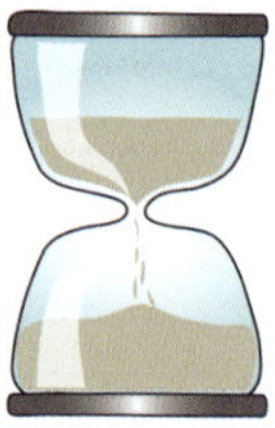

1 Warum sollte das stärkste Argument der Gegenthese am Anfang stehen und das stärkste Argument deiner eigenen These erst am Schluss?
Begründe den Aufbau nach dem Sanduhrprinzip.

____

____

____

2 Erarbeite den Aufbau einer Argumentation anhand deiner Pro- und Kontra-Argumente. Notiere Stichworte.

stärkstes Gegenargument: ______________________________

mittelstarkes Gegenargument: ______________________________

schwächstes Gegenargument: ______________________________

schwächstes Argument: ______________________________

mittelstarkes Argument: ______________________________

stärkstes Argument: ______________________________

Damit deine Stellungnahme gut lesbar und nachvollziehbar ist, verbindest du die einzelnen Argumente mit sprachlichen Mitteln.

3 Wie kannst du deine Argumente mit sprachlichen Mitteln verbinden?
a. Ordne die Wörter und Wortgruppen in einer Tabelle im Heft nach
- Wörtern und Wortgruppen, die Argumente verknüpfen
- Wörtern und Wortgruppen, die neue Argumente einleiten.

b. Ergänze eigene Wörter und Wortgruppen.

Starthilfe

Satzverknüpfer (Konjunktionen/ Adverbien)	Einleitungen und Überleitungen
außerdem	zum Ersten
...	...

außerdem, zum Ersten, obwohl, eine wichtige Rolle spielt, einerseits ... andererseits, zunächst lässt sich feststellen, sodass, infolgedessen, demzufolge, das zeigt, dies belegt, darüber hinaus, wie das Beispiel zeigt, beispielsweise, denn, hinzu kommt

Die Argumentation schreiben

Du schreibst einen Leserbrief an eine Computer-Zeitschrift, in dem du deinen Standpunkt zu sozialen Online-Netzwerken darstellst und begründest. Bearbeite dafür die folgenden Aufgaben in deinem Heft.

1 Beantworte zuerst diese beiden Fragen:
- An wen richtest du deinen Leserbrief?
- Was musst du dabei beachten?

2 Schreibe eine Einleitung für deine Argumentation.
Formuliere darin deinen Standpunkt in einer These.
Du kannst dabei eine Anregung aus der Randspalte nutzen.

aktuelles Ereignis,
allgemeine Feststellung,
Definition des Begriffs,
Zitat

3 Schreibe den Hauptteil deiner Argumentation als zusammenhängenden Text.
- Nutze deine Gliederung aus Aufgabe 2 von Seite 26.
- Nutze die sprachlichen Mittel aus Aufgabe 3 von Seite 26.
- Entkräfte mindestens ein Gegenargument.

Du kannst die folgenden Formulierungshilfen verwenden.
Tipp: Beginne jeden neuen Gedanken mit einem Absatz.

So kannst du die Position der Gegenposition einleiten:
Häufig vertreten Menschen die Ansicht, ...
Viele denken ...

So kannst du die Argumente der Gegenposition einleiten:
Sicherlich gibt es Bedenken, ...
Es ist ein berechtigter Einwand, ...
Dem kann man entgegenhalten, ...

So kannst du deine Position einleiten:
Ich hingegen vertrete die Auffassung, dass ...
Meiner Meinung nach ist ...
Aus meinen Erfahrungen kann ich ...

So kannst du deine Argumente einleiten:
Für wichtig halte ich ...
Entscheidend ist in meinen Augen ...

4 Schreibe einen Schluss für deine Argumentation.
Tipp: Du kannst auch mit einer Frage oder Aufforderung schließen.

Starthilfe

Die dargestellten Argumente sprechen für und gegen soziale Online-Netzwerke.
Ich bin der Meinung, dass ... Sollten wir nicht ...?

5 Schreibe die Anrede und den ersten Satz deines Leserbriefes auf.

6 Überarbeite deinen Text mithilfe der Checkliste.

Checkliste: Eine Argumentation schreiben	ja	nein
Habe ich in der **Einleitung** das **Thema/Problem** benannt?	☐	☐
Habe ich im **Hauptteil** je drei **Pro-** und drei **Kontra-Argumente** genannt?	☐	☐
Habe ich die **Argumente gewichtet** und nach dem **Sanduhrprinzip** angeordnet?	☐	☐
Habe ich den **Aufbau der Argumente** (Argument, Beispiel) beachtet?	☐	☐
Habe ich meinen **eigenen Standpunkt** genannt und begründet?	☐	☐
Habe ich abwechslungsreiche **Satzanfänge** und **Überleitungen** verwendet?	☐	☐
Habe ich einen passenden **Schluss** geschrieben?	☐	☐

Eine Argumentation überarbeiten

Du überarbeitest einen Leserbrief zum Thema „Soziale Online-Netzwerke".

Hallo, liebe Redaktion,

Sie haben in Ihrer Zeitschrift dazu aufgerufen, die eigene Meinung zum Umgang mit sozialen Netzwerken darzustellen.
Ich denke Folgendes darüber: Grundsätzlich bin ich für Online-Netzwerke und bin auch Mitglied bei mehreren Communitys. Ich habe jetzt jede Menge Freunde, kann allen erzählen, was ich gerade so mache und wie ich drauf bin, und ich kann in der Schule mitreden.
Klar, es gibt auch ein paar Sachen, die nicht so toll sind, aber darüber weiß man ja Bescheid. Es wird ja viel Missbrauch mit den Daten getrieben, auch kann jeder auf deine Daten zugreifen, wenn du nicht aufpasst.
Meiner Meinung nach wird das aber viel zu wichtig genommen.
Ich bleibe dabei: Soziale Online-Netzwerke sind voll cool und gehören in die moderne Zeit – alle, die das nicht finden, sind nur Miesmacher oder können nicht mit dem Computer umgehen.

Ciao, Robert

1 Was fällt dir beim Lesen auf? Notiere Stichworte in der Randspalte.

2 Was berücksichtigt Robert in dem Leserbrief? Kreuze an.

- ☐ Die Einleitung benennt das Problem, um das es geht.
- ☐ Robert hat keine eigene Meinung.
- ☐ Robert nennt Argumente für die Teilnahme an Online-Netzwerken.
- ☐ Er belegt einzelne Argumente mit anschaulichen Beispielen.
- ☐ Er hat mit dem stärksten Kontra-Argument begonnen.
- ☐ Er hat seine Argumentation nach dem Sanduhrprinzip aufgebaut.
- ☐ Sein Schlusssatz fasst das Problem noch einmal zusammen.

Du bearbeitest die folgenden Aufgaben in deinem Heft.

3 **a.** Markiere Argumente für die Teilnahme an sozialen Online-Netzwerken.
b. Sind diese Argumente überzeugend? Begründe deine Antwort.

4 **a.** Markiere Argumente gegen die Teilnahme an sozialen Online-Netzwerken.
b. Sind diese Argumente überzeugend? Begründe deine Antwort.

5 Wie beurteilst du den Schlussteil von Roberts Stellungnahme? Schreibe auf.

6 An welchen Stellen hat Robert sprachliche Mittel nicht optimal eingesetzt?
a. Markiere im Leserbrief alle Formulierungen, die du verbessern kannst.
b. Schreibe die Sätze mit besseren Formulierungen auf.

7 Überarbeite den Aufbau in Roberts Leserbrief mithilfe des Sanduhrprinzips. Notiere dafür eine Gliederung mit Argumenten und Beispielen in Stichworten.

8 **a.** Überarbeite den gesamten Leserbrief. Schreibe ihn vollständig neu auf.
b. Überprüfe dein Ergebnis mit der Checkliste von Seite 27.

Z Weiterführendes: Zu einem Flyer argumentieren

Dein Arbeitsauftrag

Zusatzaufgabe: Du schreibst eine Argumentation zu einem Flyer.

Ein halbes Jahr offline – macht ihr mit?

Das kann man sich doch kaum noch vorstellen, ein halbes Jahr keine Mails zu schreiben, nicht zu chatten, das Internet nicht zu benutzen. Aber es gibt Menschen, die das getan haben, sogar freiwillig! Zum Beispiel Axel Rühle: Er hat sich von dem digitalen Leben entfernt und ein halbes Jahr beruflich und privat nur offline kommuniziert. Diese Erfahrungen hat er in seinem Buch „Ohne Netz" veröffentlicht, das 2010 im Klett-Cotta-Verlag erschien. Das Buch kann ich empfehlen, denn es ist gut und unterhaltsam geschrieben und man erfährt, dass es doch gar nicht so schwer ist, sein Leben fernab der Online-Welt zu verbringen. Plötzlich freut man sich über einen handgeschriebenen Brief oder geht dann doch lieber unter die Menschen, ins Café, ins Kino, anstatt allein vor dem Rechner zu sitzen oder sich unterwegs nur mit seinem Smartphone zu beschäftigen.

Warum sollten wir das nicht auch ausprobieren, bevor die Zeit kommt, dass wir uns jeden Tag wieder neu kennen lernen müssen? Aus diesem Grund schlage ich ein Projekt für alle neunten Klassen vor: Lasst uns ein halbes Jahr auf die Online-Medien verzichten und ins reale Leben zurückkehren. Wer macht mit? Gespannt auf eure Meinung ist

Tina Kersten, 9.1

1 Lies den Flyer mit dem Aufruf.

Du bearbeitest die folgenden Aufgaben in deinem Heft.

2 Ein halbes Jahr offline? Kannst du dir das vorstellen? Was spricht dafür, was spricht dagegen?
- **a.** Notiere Pro- und Kontra-Argumente in Stichworten in einer Tabelle.
- **b.** Nummeriere sie in den schmalen Spalten entsprechend ihrer Wichtigkeit (1 = sehr wichtig, 2 = wichtig, 3 = weniger wichtig usw.).

3
- **a.** Formuliere deinen Standpunkt zu dem Aufruf in einer These.
- **b.** Gliedere deine Argumentation mithilfe des Sanduhrprinzips. Notiere Thesen, Argumente und Beispiele in Stichworten.
- **c.** Schreibe deine Argumentation mit geeigneten Formulierungen auf.

W Wähle aus den beiden Aufgaben eine aus.

4 Informiere dich über das im Flyer genannte Buch und stelle es in der Klasse vor.

5 Schreibe Ratschläge zum sicheren Umgang mit dem Internet als Plakat auf.

Eine Kurzgeschichte interpretieren

Die Kurzgeschichte untersuchen

Du liest und untersuchst eine Kurzgeschichte. Anschließend schreibst du eine Interpretation dieser Kurzgeschichte.

1 a. Lies die Kurzgeschichte.
b. Nummeriere die einzelnen Textabschnitte.

Die Schauspielerin – Katharine Brush

Der letzte Brief in dem kleinen Stoß in der Ecke des Frühstückstabletts war lederfarben und trug die breite, ungelenke, eckige Aufschrift einer Männerhand. Kein Zweifel, er war von einem Mann! Über den dünnen Goldrand ihrer morgendlichen Kaffeetasse hinweg betrachtete ihn die Schauspielerin mit gleichgültigem Blick. Er trug zwei Briefmarken und war in New Haven aufgegeben worden.
Der Kaffee war noch zu heiß zum Trinken. Die Schauspielerin stellte – klink – die Tasse auf den blitzblanken Unterteller und betupfte sich die Lippen mit einer spitzenbesetzten Serviette. Sie nahm den Brief in die Hand, öffnete ihn, überflog die erste Seite, wandte sich der letzten, siebenten zu und studierte die Unterschrift: „Brock Henderson".
Seitlich darunter stand: „922, Yale Station, 3. April". Die Schauspielerin lächelte leicht. Ein junger Mann also!
Sich bequemer in die Kissen zurücklehnend, die sich hinter ihrem Rücken auftürmten, begann sie zu lesen:

„Bitte" (keine weitere Anrede), „BITTE" (in Großbuchstaben), „halten Sie mich nicht für einen Spinner, der das, was ich jetzt tue, gewohnheitsmäßig tut! Ehrenwort, ich habe noch nie in meinem Leben einen Fanbrief geschrieben. Ich hätte mir so etwas nie träumen lassen. Ich habe es nie verstanden, wie sich jemand so lächerlich machen kann. Aber das war, wie es in Filmtiteln heißen könnte, ehe Sie kamen.
Erinnern Sie sich an den Abend im vorigen Oktober, als Sie in New Haven auftraten, bevor Sie Premiere in New York hatten? Damals passierte es.
Der junge Mann, der schwer atmend seitlich in der vierten Reihe saß, war ich. Ebenso der, den sein Zimmergenosse in die Rippen boxen musste, als es Zeit war, mit dem Klatschen aufzuhören. Ich hatte Sie nämlich nie zuvor gesehen und ich spürte – aber lassen wir das! Fest steht, dass ich seither nur noch drei Dinge im Kopf habe: erstens Sie, zweitens Sie und drittens Sie."

Hier endete die erste Seite. Die Schauspielerin schob den Bogen beiseite und steckte ihn unter das letzte Blatt. Während sie die linke Hand mit dem Brief auf die taftene Steppdecke, mit der sie zugedeckt war, sinken ließ, rührte sie mit der rechten den Kaffee um und probierte ihn gedankenverloren mit dem Löffel. Dann legte sie den Löffel zurück und las weiter:

„Natürlich ist es die alte Leier. Vielleicht, das heißt wahrscheinlich, gähnen Sie schon. Aber ich muss Ihnen ganz einfach sagen ..."

Er hatte sich offenbar ihr Stück seit Oktober immer wieder angesehen. Jedes Wochenende, an dem er sich frei machen konnte, kam er nach New York, um es zu sehen. Und einmal – zwei ganze Seiten handelten davon – hatte er beobachtet, wie sie nach einer Vorstellung aus dem Bühneneingang herauskam, in ihr Auto stieg und wegfuhr.

Sie habe „einen weißen Pelz gleich einem duftigen Schneegebilde" angehabt und außerhalb des Theaters „noch zauberhafter" ausgesehen als auf der Bühne. Er hätte sie schrecklich gern angesprochen, einfach um irgendetwas zu sagen – aber er hatte sich nicht getraut. „Ich hatte Angst, Sie würden mich für frech halten."

Er verschlang alles, was er über sie in den Zeitungen und Illustrierten finden konnte, jede kleine Verlautbarung, jedes Interview. Er wusste, wie es bei ihr in der Wohnung aussah, welche Zigaretten sie rauchte. Er wusste, dass sie bei all ihrem Ruhm „kaum älter war als ein Kind – so ungefähr sein eigener Jahrgang", und irgendwie fand er das ganz besonders aufregend.

Er kannte ihr Leben, ihr glitzerndes Leben, und alles was dazugehörte: Partys, Parfüms, Blumen, Komplimente. Sie war für ihn der Inbegriff von Glanz und Glück, geboren, um zu lachen, zu tanzen und geliebt zu werden.

„Eine wandelnde Orchidee – wenn ich mich nicht zu banal ausdrücke. Erlesen, exotisch, einzigartig."

Der folgende Teil des Briefes gab das Geplänkel auf, ließ die Selbstironie beiseite. An ihre Stelle trat fast schmerzhafter Ernst. Die peinlich genaue Schrift der ersten beiden Seiten jagte, stürzte jetzt dahin ...

„Ich glaube nicht, dass ich Ihnen je begegnen werde. So optimistisch ich das meiste im Leben auch sehe, kann ich nicht ernstlich hoffen, jemals die unermessliche Kluft zu überbrücken, die zwischen einem Mädchen wie Ihnen und einem Jungen wie mir liegt.

Ich weiß, manch einer würde es schaffen, aber ich habe nicht das Köpfchen, mir dazu etwas auszudenken, und außerdem würde ich mich scheuen, das Risiko Ihrer Gleichgültigkeit oder Ihrer Belustigung einzugehen.

Aber ob ich Ihnen jemals begegne oder nicht – gewissermaßen gehören Sie mir. Sie sind ein Stück meines Lebens, Sie sind alles, was ich tue, alles was ich erträume. Ich finde Sie in der Musik und im Mondenschein. Wenn ich jemand küsse, schließe ich die Augen und Sie sind bei mir. Welcher Zauber von Ihnen ausgeht! Er ist es wohl, in den ich verliebt bin. Nichts kann mir das jemals nehmen.

Ich lese diesen Brief nicht mehr durch, weil ich weiß, dass ich ihn dann nicht mehr abschicken würde."

Die Schauspielerin faltete die Seiten langsam zusammen und legte den Brief auf die übrige Post. Einen Augenblick sann sie darüber nach; ein weiches Lächeln umspielte ihre Lippen.

Dann vergaß sie ihn.

Sie trank ihren Kaffee und zündete sich eine Zigarette an. Das Lächeln war verflogen. Ihr Gesicht war jetzt ernst und nachdenklich, die Stirn leicht gefältelt. Gleich darauf nahm sie einen Bleistift vom Nachttisch und den Brief vom oberen Ende des Stapels. Mit achtlosen, hastigen Fingern riss sie einen Streifen Papier ab und kritzelte auf die unbeschriebene Seite:

Duschvorhänge
Geschirrtücher
Neue Bügeleisenschnur
Socken, Hemden, Hemdhäschen für Patty ...

2 Welchen Eindruck hast du von der Kurzgeschichte? Schreibe ihn in dein Heft.

Dein Arbeitsauftrag

Schreibe einen Interpretationsaufsatz zur Kurzgeschichte „Die Schauspielerin". Bearbeite dabei folgende Teilaufgaben:
- Gib den Inhalt der Kurzgeschichte in drei bis fünf Sätzen wieder.
- Belege, dass es sich bei dem Text „Die Schauspielerin" um eine Kurzgeschichte handelt.
- Untersuche die Besonderheiten in der Erzählform des Textes. Gehe dabei auch in knapper Form auf die Erzählperspektive ein.
- Analysiere die Hauptfigur und vergleiche das Bild, das der Fan von der Schauspielerin hat, mit der Wirklichkeit. Belege deine Aussagen mit Zitaten.

3 **a.** Lies den Arbeitsauftrag.
b. Wie gehst du am besten vor? Nummeriere die Arbeitsschritte in der richtigen Reihenfolge.

[4] Erzählform untersuchen
[10] Interpretationsaufsatz schreiben
[2] Inhaltsangabe in wenigen Sätzen
[9] Textbelege einfügen
[3] Merkmale Kurzgeschichte nachweisen
[7] Hauptfigur analysieren
[5] Erzählperspektive untersuchen
[8] Vorstellungen des Fans mit der Realität vergleichen
[1] Kurzgeschichte mehrmals gewissenhaft lesen
[6] Textbelege einfügen
[11] Aufsatz überarbeiten

Du gibst zunächst den Inhalt der Kurzgeschichte wieder.

4 Schreibe den Titel, die Autorin und die Textsorte in einem Satz auf.

Die Kurzgeschichte geschrieben von Kathrina Bruss handelt um eine Schauspielerin und einen seltsamen Fan

5 Was erfährst du über die Hauptfigur? In welcher Situation befindet sie sich? Vervollständige die Angaben.

Hauptfigur: Schauspielerin

Situation: Liest liegend auf den

6 Was erfährst du über Brock Henderson? Kreuze die richtigen Antworten an.

- [ ] Er ist ein junger Mann, der am Theater arbeitet.
- [x] Er ist ein Fan und schreibt der Schauspielerin einen Brief.
- [x] Er weiß vieles aus dem Leben der Schauspielerin.
- [x] Sie gehört zu seinem Leben.

7 Was geschieht mit dem Brief am Ende der Kurzgeschichte? Schreibe deine Antwort auf.

Sie reißt die Ecke vom Brief raus und schreibt einen Einkaufszettel

8 Schreibe mithilfe deiner Ergebnisse aus den Aufgaben 4 bis 7 eine Inhaltsangabe in dein Heft.

Die Merkmale einer Kurzgeschichte nachweisen

Du weist die Merkmale der Kurzgeschichte nach.

1 Untersuche den Einstieg in das Geschehen.
Lies den ersten Abschnitt der Kurzgeschichte. Beschreibe in einem Satz, mit welcher Situation die Handlung beginnt.

____

____

2 Kurzgeschichten beschreiben oft alltägliches Geschehen. Gibt es in der Kurzgeschichte Hinweise darauf, dass die Schauspielerin einen ganz gewöhnlichen Tag erlebt?

a. Lies dazu den 1. und den 7. Abschnitt der Kurzgeschichte. Markiere die Textstellen, die ein alltägliches Geschehen beschreiben.

b. Begründe kurz, ob dieses Merkmal zutrifft.

____

____

3 Untersuche in dem 1., dem 3. und dem 7. Abschnitt die Zeitspanne, die beschrieben wird.

a. Ergänze das Geschehen in Stichworten.

1. Abschnitt	3. Abschnitt	7. Abschnitt
- stellte die Kaffeetasse ab		

b. Erkläre in einem Satz, in welcher Zeitspanne die Handlung stattfindet.

____

____

4 Erkläre, welche Figuren an der Handlung beteiligt sind und ob ihre Anzahl für eine Kurzgeschichte typisch ist.

____

____

____

5 Schreibe auf, wie die Kurzgeschichte endet.

____

____

____

6 Weise die Merkmale einer Kurzgeschichte mithilfe der Ergebnisse aus den Aufgaben 1 bis 5 nach. Schreibe in dein Heft.

Die Erzählform und die Erzählperspektive untersuchen

Du untersuchst die Erzählform in der Kurzgeschichte.

1 **a.** Kreuze an, welche Abschnitte der Kurzgeschichte in der Ich-Form und welche Abschnitte in der Er-/Sie-Form stehen.

Abschnitt	1.	2.	3.	4.	5.	6.	7.
Ich-Form							
Er-/Sie-Form							

b. Fasse deine Feststellung in einem Satz zusammen.

____

____

2 Warum wechseln die Erzählformen in der Kurzgeschichte?

a. Lies alle Abschnitte in der Ich-Form. Welche Gemeinsamkeit kannst du herausfinden? Schreibe deine Antwort auf.
Tipp: Beachte die Zeichensetzung zu Beginn und zum Ende des Abschnitts.

____

____

b. Lies alle Abschnitte in der Er-/Sie-Form. Welche Gemeinsamkeit kannst du herausfinden? Schreibe deine Antwort auf.

____

____

c. Schreibe auf, warum unterschiedliche Erzählformen in der Kurzgeschichte verwendet werden.

____

____

3 Wodurch unterscheidet sich der 5. Abschnitt von den anderen?

a. Lies den Abschnitt und markiere die Textstellen, die sich auf den Brief beziehen.

b. Vergleiche die Erzählform dieses Abschnittes mit den anderen Abschnitten. Welcher Unterschied fällt auf? Schreibe deine Antwort auf.

____

____

c. Kreuze an, aus welcher Sichtweise hier erzählt wird.

Sichtweise
- ☐ des Erzählers
- ☐ des jungen Mannes
- ☐ der Schauspielerin

d. Erkläre, warum sich die Erzählform im 5. Abschnitt von den anderen unterscheidet.

____

____

Z **4** Begründe den Gebrauch des Konjunktivs in den Zeilen 41 bis 45.

___

___

___

Du untersuchst die Erzählperspektive.

5 Welche Erzählperspektive wird in der Kurzgeschichte verwendet?

a. Lies folgende Textstellen. Achte dabei auf den Standort des Erzählers und seinen Blick auf das Geschehen.

„Über den dünnen Goldrand ihrer morgendlichen Kaffeetasse hinweg betrachtete ihn die Schauspielerin mit gleichgültigem Blick." (Z. 3–5)

„Die Schauspielerin stellte – klink – die Tasse auf den blitzblanken Unterteller und betupfte sich die Lippen mit einer spitzenbesetzten Serviette. Sie nahm den Brief in die Hand, öffnete ihn, ..." (Z. 7–9)

„Der folgende Teil des Briefes gab das Geplänkel auf, ließ die Selbstironie beiseite. An ihre Stelle trat fast schmerzhafter Ernst. Die peinlich genaue Schrift der ersten beiden Seiten jagte, stürzte jetzt dahin ..." (Z. 56–58)

„Die Schauspielerin faltete die Seiten langsam zusammen und legte den Brief auf die übrige Post. Einen Augenblick sann sie darüber nach; ein weiches Lächeln umspielte ihre Lippen.
Dann vergaß sie ihn.
Sie trank ihren Kaffee und zündete sich eine Zigarette an. Das Lächeln war verflogen. Ihr Gesicht war jetzt ernst und nachdenklich, die Stirn leicht gefältelt." (Z. 74 ff.)

b. Kreuze an, welche Aussagen auf den Erzähler zutreffen.

Der Erzähler
- ☐ mischt sich stellenweise ein und kommentiert.
- ☐ verhält sich neutral und wertet nicht.
- ☐ gibt nur wieder, was er aus der Perspektive der Schauspielerin wahrnehmen kann.
- ☐ spart innere Vorgänge aus, beschreibt aber detailreich das Verhalten der Hauptfigur.

6 Warum könnte die Autorin diese Erzählperspektive gewählt haben? Begründe deine Vermutungen und beziehe in deine Gedanken die Ergebnisse der Aufgabe 2c auf Seite 34 ein.

___

___

___

___

___

7 Fasse deine Ergebnisse zu Erzählform und Erzählperspektive aus den Aufgaben 1 bis 6 zusammen. Schreibe in dein Heft.

Die Figurengestaltung untersuchen

Du untersuchst die Figurengestaltung in der Kurzgeschichte.

1 Was erfährst du über das Leben und die Gewohnheiten der Schauspielerin? Schreibe Wortgruppen auf.

2 Wie reagiert die Schauspielerin auf den Fanbrief?

a. Lies die folgenden Textstellen in der Kurzgeschichte.

„Über den dünnen Goldrand ihrer morgendlichen Kaffeetasse hinweg ..." (Z. 3–5)

„Seitlich darunter stand: ‚922, Yale Station, 3. April.' Die Schauspielerin ..." (Z. 12)

„Die Schauspielerin faltete die Seiten langsam zusammen und legte den Brief auf die übrige Post. Einen Augenblick ... sie ihn." (Z. 74–77)

„Das Lächeln war verflogen. Ihr Gesicht ..." (Z. 78–79)

„... riss sie einen Streifen Papier ab und kritzelte auf die unbeschriebene Seite ..." (Z. 81–82)

b. Fasse in eigenen Worten zusammen, wie die Schauspielerin auf den Brief reagiert.

3 Wie wichtig ist der Hauptfigur der Fan? Schreibe deine Meinung in wenigen Sätzen auf.

Z **4** Welche Gedanken könnten die Schauspielerin beim Lesen des Briefes bewegt haben? Schreibe einen inneren Monolog der Schauspielerin in dein Heft.

5 Wie stellt sich der junge Fan das Leben der Schauspielerin vor? Suche in der Kurzgeschichte geeignete Textstellen und übertrage sie mit Zeilenangaben in dein Heft.

6 Untersuche die sprachlichen Besonderheiten in dem Brief von Brock Henderson.

a. Lies dazu die Abschnitte 2, 4 und 6 und vervollständige die Tabelle.

b. Ergänze ein weiteres sprachliches Mittel und belege es mit einer Textstelle.

sprachliches Mittel	Textstelle
ungewöhnliche Anrede mit Appell	
	„Erinnern Sie sich an den Abend …“ (Z. …)
	„Vielleicht, das heißt wahrscheinlich, gähnen Sie schon.“ (Z. …)
	…
	„Welcher Zauber von Jhnen ausgeht!“ (Z. 69–70)

7 Brock Henderson verehrt die Schauspielerin und verwendet stilistische Mittel. Ergänze die sprachlichen Mittel und ihre Funktion.

Wiederholung, Vergleich, Metapher

Textstelle	sprachliches Mittel	Funktion
„Sie habe ‚einen weißen Pelz gleich einem duftigen Schneegebilde‘ angehabt …“ (Z. 41)	Vergleich	anschaulich
„Er verschlang alles, was er … Er wusste, wie es … Er wusste, dass sie bei all ihrem Ruhm ‚kaum älter war als ein Kind – ungefähr sein eigener Jahrgang‘ … Er kannte ihr Leben …“ (Z. 46 ff.)		
„Eine wandelnde Orchidee – wenn ich mich nicht zu banal ausdrücke.“ (Z. 54 f.)		

8 Wie wirkt die Wortwahl des Fans auf dich? Schreibe deine Meinung auf.

9 Schreibe die Figurenanalyse. Beginne dabei mit der Sicht des Fans auf die Frau. Schreibe in dein Heft.

Die Interpretation schreiben und überarbeiten

Du hast die Kurzgeschichte mehrmals gelesen und sie mithilfe der drei Teilaufgaben untersucht. Deine Ergebnisse fasst du in einem Interpretationsaufsatz zusammen. Schreibe in dein Heft.

1 Schreibe die Einleitung.
Tipp: Denke an die Überschrift, die Autorin, den Titel, die Textsorte, die Hauptfigur und das Thema.

➤ Die Arbeitstechnik „Eine Inhaltsangabe schreiben" findest du vorne auf der inneren Umschlagseite.

2 Schreibe die Inhaltsangabe für den Hauptteil. Sammle im Heft Stichworte zur Handlung und fasse sie anhand deiner Notizen zusammen.
Tipp: Denke an die Zeitform Präsens, die eigene Wortwahl und orientiere dich an der tatsächlichen Reihenfolge des Geschehens.

3 Lege die Ergebnisse deiner Textuntersuchung im Hauptteil dar.
Diese Teilschritte helfen dir dabei:
- Weise die Merkmale der Kurzgeschichte nach.
- Ergänze die auffälligen Textmerkmale (Aufbau, Erzählperspektive, Redeformen, Figuren).
- Stelle die Untersuchungen zu Sprache, zu Satzbau, Stil und Wortwahl dar.
- Belege deine Aussagen mit Textstellen.

Tipp: Beachte die Regeln zum Zitieren. Gib zunächst die Textstelle an, benenne das sprachliche Mittel und beschreibe die Wirkung.

Merkmale der Kurzgeschichte
➤ **S. 33**, Aufgaben **1** bis **6**

Erzählform und Erzählperspektive
➤ **S. 34–35**, Aufgaben **1** bis **7**

Figurenanalyse
➤ **S. 36–37**, Aufgaben **1** bis **6**

sprachliche Mittel
➤ **S. 37**, Aufgaben **6** bis **8**

4 Überprüfe den Hauptteil mithilfe der Fragen. Kreuze an.
Hast du ...

- ☐ ... – wo gefordert – Textbelege verwendet?
- ☐ ... richtig zitiert?
- ☐ ... die Wortwahl und den Satzbau überprüft?

5 Überprüfe, ob du alle geforderten Teilaufgaben von Seite 32 in der angegebenen Reihenfolge berücksichtigt hast.

6 Welche Botschaft könnte in dieser Kurzgeschichte stecken? Schreibe deine Ideen in Sätzen auf.

7 Du beendest den Interpretationsaufsatz im Schlussteil mit einer Zusammenfassung deiner Ergebnisse und schreibst deine eigene Meinung dazu auf.

Starthilfe
Zusammenfassend ist festzuhalten, dass ...
Persönlich finde ich ...

8 Überarbeite den Ausdruck deiner Interpretation. Nutze die unten angegebenen sprachlichen Mittel der Textgestaltung.

Auffällig ist ... / Es entsteht der Eindruck ... / Bemerkenswert ist auch ... / Weiterhin ist anzuführen ... / Aufschlussreich ist ... / Dies hat zur Wirkung ... / Damit erzielt der Autor ... / Dies bestätigt sich durch ... / Zum Schluss bleibt anzumerken ... / Die Schlussfolgerung meiner Textarbeit ist ...

Du überarbeitest den folgenden Auszug aus einer Interpretation.

Der junge Mann hatte jede Textstelle gelesen, die über die Schauspielerin erschienen war. Er kannte ihre Zigarettenmarke und ihre Wohnungseinrichtung.
Jn seinem Kopf entstand ein Bild von ihr, das einer wandelnden Orchidee glich. Die Schauspielerin war erlesen, exotisch, einzigartig für ihn. Auf mich wirkt der Vergleich jedoch ziemlich kitschig. Er stellte sich vor, ihr Leben bestehe aus Partys, täglichem Luxus und Komplimenten – eben nur aus den Sonnenseiten des Lebens.

Achtung: Fehler!

____

____

____

____

9 Überprüfe und überarbeite den Auszug aus einer Interpretation.

a. Im Schülertext wurden Belegstellen übernommen, jedoch nicht als Zitate gekennzeichnet. Suche die Stellen und markiere sie.

b. Ergänze die Stilmittel zu den Textstellen am Rand.

c. Korrigiere das Beispiel schriftlich im Heft.

10 Überprüfe und verbessere deinen Interpretationsaufsatz mit der Checkliste.

Checkliste: Eine Interpretation schreiben	ja	nein
Habe ich meinen Text deutlich in **Einleitung**, **Hauptteil** und **Schluss** gegliedert?	☐	☐
Habe ich die **Merkmale einer Inhaltsangabe** im Hauptteil umgesetzt?	☐	☐
Habe ich **keine Teilaufgabe** des Arbeitsauftrags **vergessen**?	☐	☐
Habe ich die erforderlichen **Belege** eingefügt und **korrekt zitiert**?	☐	☐
Habe ich im **Schlussteil** meine Untersuchungen **zusammengefasst** und meine eigene **Meinung** zur Kurzgeschichte dargestellt?	☐	☐
Habe ich den **Ausdruck** meiner Interpretation **überarbeitet**?	☐	☐

W **Du schreibst zur Kurzgeschichte. Wähle aus den beiden Aufgaben eine aus.**

„Aber ob ich Ihnen jemals begegne oder nicht – gewissermaßen gehören Sie mir. Sie sind ein Stück meines Lebens, Sie sind alles, was ich tue, alles, was ich erträume. Ich finde Sie in der Musik und im Mondenschein. Wenn ich jemand küsse, schließe ich die Augen und Sie sind bei mir. Welcher Zauber von Ihnen ausgeht! Er ist es wohl, in den ich verliebt bin. Nichts kann mir das jemals nehmen." (Z. 66 ff.)

11 Stell dir vor, Brock Henderson hat dir von seiner Zuneigung zu der Schauspielerin erzählt. Was würdest du ihm raten? Schreibe einen Brief an Brock Henderson.

12 Versetze dich in die Lage der Schauspielerin, nachdem sie den Brief gelesen hat. Schreibe einen Tagebucheintrag, in dem sie ihre Gedanken zum Brief und zum Schreiber des Briefes äußert.

Ein Gedicht interpretieren

Du interpretierst ein Gedicht und gehst dabei schrittweise vor.

1 Lies das Gedicht mithilfe des Textknackers.

Das Ideal (1927) – Kurt Tucholsky (1890–1935)

Ja, das möchste:
Eine Villa im Grünen mit großer Terrasse,
vorn die Ostsee, hinten die Friedrichstraße;
mit schöner Aussicht, ländlich-mondän[1],
vom Badezimmer ist die Zugspitze zu sehn –
aber abends zum Kino hast dus nicht weit.

Das Ganze schlicht, voller Bescheidenheit:

Neun Zimmer – nein, doch lieber zehn!
Ein Dachgarten, wo die Eichen drauf stehn,
Radio, Zentralheizung, Vakuum[2],
eine Dienerschaft, gut gezogen und stumm,
eine süße Frau voller Rasse und Verve[3] –
(und eine fürs Wochenende, zur Reserve) –,
eine Bibliothek und drumherum
Einsamkeit und Hummelgesumm.

Im Stall: Zwei Ponies, vier Vollbluthengste,
acht Autos, Motorrad – alles lenkste
natürlich selber – das wär ja gelacht!
Und zwischendurch gehst du auf Hochwildjagd.

Ja, und das hab ich ganz vergessen:
Prima Küche – erstes Essen –
alte Weine aus schönem Pokal –
und egalweg bleibst du dünn wie ein Aal.
Und Geld. Und an Schmuck eine richtige Portion.
Und noch ne Million und noch ne Million.
Und Reisen. Und fröhliche Lebensbuntheit.
Und famose Kinder. Und ewige Gesundheit.

Ja, das möchste!

Aber wie das so ist hienieden:
Manchmal scheints so, als sei es beschieden
nur pöapö[4], das irdische Glück.
Immer fehlt dir irgendein Stück.
Hast du Geld, dann hast du nicht Käten[5];
hast du die Frau, dann fehln dir Moneten –
hast du die Geisha[6], dann stört dich der Fächer:
bald fehlt uns der Wein, bald fehlt uns der Becher.

Etwas ist immer.

Tröste dich.

Jedes Glück hat einen kleinen Stich.
Wir möchten so viel: Haben. Sein. Und gelten.
Daß einer alles hat:
das ist selten.

R

2 Worum geht es in dem Gedicht? Schreibe zwei bis drei Sätze in dein Heft.

Dein Arbeitsauftrag

Interpretiere das Gedicht „Das Ideal".
- Beschreibe den Inhalt, die Merkmale und die verwendeten Stilmittel.
- Beschreibe die Wirkung von Form und Sprache auf die Aussage.

➤ Die Arbeitstechnik „Eine Gedichtinterpretation schreiben" findest du in der vorderen Umschlagseite.

3 Lies deinen Arbeitsauftrag und schreibe in dein Heft, was du tun sollst.

1 mondän: nach Art der großen Welt
2 Vakuum: hier: der Staubsauger
3 die Verve: der Schwung
4 pöapö: von französisch peu à peu: nach und nach
5 Käten: Kurzform des Frauennamens Käthchen/Katharina
6 die Geisha: eine japanische Unterhaltungskünstlerin

Das Gedicht untersuchen

Du beschäftigst dich mit dem Thema des Gedichts.

1 **a.** Lies die Überschrift des Gedichts.
b. Was ist ein Ideal? Erkläre den Begriff.
c. Hast du ein Wunschbild, ein Ideal, das du im Leben verwirklichen willst? Beschreibe dein Ideal.

In dem Gedicht entdeckst du besondere Wörter.

2 **a.** Lies die Worterklärungen in den Fußnoten.
b. Finde die folgenden Wörter in dem Gedicht.
c. Kreuze jeweils die für diesen Text richtige Bedeutung an.

die Friedrichstraße	☐ Straße in Berlin	☐ Straße in München	☐ Straße in Köln
Moneten	☐ Geld	☐ eine Malschule	☐ kleine Kometen
der Fächer	☐ ein Schirm	☐ ein Faltenkleid	☐ ein Gerät zum Fächeln von Luft

Du erkennst, wovon das Gedicht im Einzelnen handelt.

3 Welche Wünsche werden genannt? Ordne sie in eine Tabelle im Heft.

Starthilfe

Dinge und Tiere	Personen	Tätigkeiten	Ideelle Werte
Villa mit Terrasse, ...	...		

4 Was fehlt gelegentlich für ein vollkommenes Glück?
Fasse die Mängel in ein oder zwei Sätzen zusammen.

5 **a.** Untersuche den lyrischen Sprecher im Gedicht.
b. Wer spricht? Wer wird angesprochen? Beschreibe den lyrischen Sprecher.

6 **a.** Aus welchen größeren inhaltlichen Teilen besteht das Gedicht? Lege fest, wo die einzelnen Teile beginnen.
b. Worin unterscheiden sich die Teile? Begründe deine Meinung.

7 **a.** Fasse den Inhalt jedes Teils des Gedichts kurz und sachlich zusammen. Schreibe in dein Heft.
b. Was hat der Inhalt des Gedichts mit einem Ideal zu tun? Beschreibe, wie Überschrift und Gedichtinhalt sich zueinander verhalten.

Du findest in dem Gedicht typische Merkmale von Gedichten.

8 **a.** Lies das Gedicht laut.
b. Welche Stimmung vermittelt das Gedicht? Beschreibe deinen Eindruck.

____

____

9 **a.** Welches Reimschema liegt in dem Gedicht vor? Notiere es.
b. Untersuche die Strophenform. Was fällt dir auf? Schreibe in dein Heft.

10 **a.** Warum steht der siebte Vers einzeln, obwohl er sich auf den sechsten Vers reimt? Begründe deine Meinung in zwei bis drei Sätzen.
b. Untersuche die übrigen Verse. Beschreibe Besonderheiten im Heft.
Tipp: Achte auf Wiederholungen.

Du untersuchst auffällige Stilmittel in dem Gedicht.

11 **a.** Welche der Stilmittel vom Rand findest du in dem Gedicht? Markiere.
b. Belege diese Stilmittel anhand von Beispielen mit Zeilenangaben. Verwende Zitate oder fasse deine Beobachtungen in eigenen Worten zusammen.
c. Wie wirkt die Sprache des Gedichts durch diese Stilmittel? Beschreibe die Wirkung in eigenen Worten.

Personifikation,
Übertreibung,
Umgangssprache und Dialekt,
Metapher,
Wiederholung,
Vergleich

Z **12** **a.** Vergleiche die Überschrift mit dem Inhalt des Gedichts. Passt die Überschrift zum Inhalt des Gedichts? Begründe.
b. Vergleiche die Überschrift mit der Form des Gedichts. Ist die Form des Gedichts „ideal“? Begründe.

Du schreibst deine Gedichtinterpretation in dein Heft.

13 **a.** Schreibe deine Gedichtinterpretation mithilfe der Arbeitstechnik „Eine Gedichtinterpretation schreiben“.
b. Überarbeite deine Interpretation mithilfe der folgenden Checkliste.

➤ Die Arbeitstechnik „Eine Gedichtinterpretation schreiben“ findest du in der vorderen Umschlagseite.

Checkliste: Eine Gedichtinterpretation schreiben	ja	nein
Habe ich meine Interpretation **am Text belegt**?	☐	☐
Habe ich **sachlich** und im **Präsens** geschrieben?	☐	☐
Habe ich in der **Einleitung** den **Titel**, den **Autor**, die **Textsorte** und das **Thema** genannt?	☐	☐
Habe ich im **Hauptteil** den **Inhalt** des Gedichts kurz wiedergegeben?	☐	☐
Habe ich das Gedicht **inhaltlich** und **sprachlich analysiert**?	☐	☐
Habe ich geäußert, welche **Funktion Aufbau** und **Stilmittel** haben?	☐	☐
Habe ich zum **Schluss** das Gedicht **begründet bewertet**?	☐	☐

Z Du schreibst ein Parallelgedicht.

14 Welche Wunschbilder oder Ideale hast du (oder jemand anderes)? Schreibe ein Parallelgedicht zu Tucholskys „Das Ideal“.

Doppel-Klick 9 Differenzierende Ausgabe

Das Arbeitsheft Plus

Lösungen

Seite 8

2 **Frage 1:** Wie ist der Regenwald aufgebaut?
Text: Der tropische Regenwald – ein Kreislauf des Lebens
Grafik: Nährstoffkreislauf im tropischen Regenwald

Frage 2: Wodurch ist der Regenwald gefährdet?
Text: Regenwälder in Gefahr
Grafik: Gründe und Ausmaß der Rodung tropischer Regenwälder

Frage 3: Wie kann man im Regenwald einigermaßen ökologisch Landwirtschaft betreiben?
Text: Landwirtschaft im tropischen Regenwald
Grafik: Wanderfeldbau

nicht benötigtes Material: Die Banane

3 Das Material 5 zeigt, wie man durch Wanderfeldbau im Regenwald einigermaßen ökologische Landwirtschaft betreiben kann.

4 A Was sind die Gründe für die Rodung tropischer Regenwälder?
B Was sind die Folgen der Rodung tropischer Regenwälder?

5 A - am Rand, rechts und links von der Abbildung des tropischen Regenwalds
B - in dem Kreis in der Mitte der Abbildung

6 Die Bildelemente des Materials 6 zeigen einen tropischen Regenwald, bevor und nachdem er gerodet wurde.

7 **Vorgang 1:** Zeigt, wie Regenwasser entweder von der Oberfläche abfließt oder in den Boden gelangt.
Vorgang 2: Zeigt, wie die Nährstoffe von den Bäumen in den Boden und über die Wurzeln wieder in die Bäume gelangen.
An beiden Vorgängen beteiligt: die Sonneneinstrahlung, herunterfallende Blätter und Äste, Insekten

Seite 9

2 **a.** Der Aufbau des Regenwaldes wird mit den Stockwerken eines Gebäudes verglichen.

b. Welche Pflanzen überragen das Dachgeschoss des Regenwaldes? (Überständer) Welche Pflanzen und Tiere leben im Dachgeschoss? Welche Pflanzen leben im Mittelgeschoss? Welche Pflanzen und Tiere leben im Erdgeschoss?

3 *In dieser Reihenfolge solltest du die Begriffe eingetragen haben:*
Überständer, Dachgeschoss, Mittelgeschoss, Erdgeschoss

4 bis **5**
So kannst du die Fragen in Stichworten beantwortet haben:
Material 1: Was passiert mit dem Wald, bevor Felder angelegt werden können? - Nährstoffe zugeführt, große Mengen Düngemittel
Wie lange dauert es, bis die Fruchtbarkeit des Bodens sinkt? - 3–5 Jahre
Womit werden die Felder gedüngt? - durch Brandrodung entstandene Asche
Warum heißt diese Form der Landwirtschaft Wanderfeldbau? - Felder werden immer wieder verlegt; wenn keine Felder mehr in Siedlungsnähe, ziehen die Bauern weiter
Wovon versuchen die Einheimischen zu leben? - Dauerfeldbau, Früchte, Hausgärten
Wann ist Dauerfeldbau im Regenwald möglich? - extrem gedüngt, Felder länger brach liegen, um sich zu erholen

Material 2: Wie groß ist der Anteil der Tier- und Pflanzenarten im Obergeschoss? - etwa zwei Drittel, Tier- und Pflanzenarten, Obergeschoss
Gibt es im Regenwald bestimmte Jahreszeiten (Blütezeit, Obsternte)? - immer grün, Pflanzen gedeihen das ganze Jahr
Welche Wirkung hat die Verdunstung im Regenwald auf das Klima? - setzt Energiemengen frei, werden bis nach Nordeuropa transportiert
Wie hoch sind die höchsten Bäume im Regenwald? - bis zu 80 Meter
Leben viele Insekten im Regenwald? - rund 90 % der Tiere im Regenwald Insekten, Millionenheere von Treiberameisen und Termiten am Boden
Wie viele Baumarten gibt es im Regenwald? - etwa 10 000
Gibt es nährstoffreichen Humus im Regenwald? - kaum, Blätter und abgestorbene Äste, schnell von Termiten und Würmern zersetzt

Material 3: Warum ist die Banane krumm? - krümmt sich zum Licht der Sonne hin

Material 4: Welche Tiere weiden auf Rodungsweiden im Regenwald? - Rinderbestand in letzten Jahren verdoppelt, Hunderttausende Rinder
Was passiert mit dem Boden in den abgeholzten Regionen bei Regen? - ungeschützt, Regen fließt sofort ab, Erosion, meistens kein neues Waldwachstum
Wie groß ist der Anteil an Medikamenten, die aus tropischen Pflanzen hergestellt werden? - 40 % der Medikamente unserer Apotheken aus tropischen Pflanzen
Was passiert mit den Ureinwohnern des Regenwaldes? - Umsiedlung, Vertreibung oder sogar Ausrottung, soziale Konflikte
Was sind die Folgen des Abbaus von Eisenerz? - Abtragen ganzer Berge, Bildung von Stauseen, Überflutung weiter Teile des Waldes
Was wird auf den Plantagen angebaut? - Soja als Viehfutter
Welche tropischen Hölzer werden besonders abgebaut? - Mahagoni, Teak, Ebenholz

6 Das Wort „Paradies" (Material 2, Z. 1) ist eine Metapher dafür, dass es den Pflanzen und Tieren im Regenwald sehr gut geht.
Durch das Wort „Mieter" (Material 2, Z. 6) wird der Regenwald mit einer Wohnung für die Tiere verglichen. Durch die Wörter „Dachgeschoss" (Z. 12–13), „Mittelgeschoss" (Z. 19) und „Erdgeschoss" (Z. 20) wird der Aufbau des Regenwaldes außerdem mit dem Aufbau eines Hauses verglichen.
Durch den Vergleich mit einer „Klimaanlage" (Material 2, Z. 22) wird eine wichtige Funktion des Regenwaldes für das Klima auf der Erde erläutert.
Durch die Metapher „Millionenheere" (Material 2, Z. 27) wirken die Treiberameisen wie eine gewalttätige Armee.
Das Wort „Schatzkammer" (Material 4, Z. 5) ist eine Metapher für den Reichtum des Regenwaldes an für den Menschen wertvollen Ressourcen.
Die Vergleiche mit der „Größe eines Fußballfeldes" bzw. der „Größe Griechenlands" (Material 4, Z. 28–29) sollen das Ausmaß der Zerstörung anschaulich machen.

220003791

Seite 10

1 und **2**
Die Lösungen findest du in der Lösung zu Aufgabe 3 von Seite 11.

3 a. **Stichworte zum Aufbau:**
Teil 1: Aufbau des Regenwaldes, Stockwerke, Dachgeschoss, Mittelgeschoss, Erdgeschoss. Welche Tiere und Pflanzen? Wie viel Licht? Wie viel Regen?
Teil 2: Gefährdung des Regenwaldes, Gründe und Folgen
Teil 3: Möglichkeiten ökologischer Landwirtschaft, Wanderfeldbau, Rodungsinseln, Siedlungsinseln
Verwendete Materialien: Material 1, Text: Landwirtschaft im tropischen Regenwald. Material 2, Text: Der tropische Regenwald – ein Kreislauf des Lebens. Material 4, Text: Regenwälder in Gefahr

b. *Diese Überschrift könntest du notiert haben:*
Aufbau und Gefährdung des Regenwaldes

4 *Die vollständige Gliederung findest du in der Lösung zu Aufgabe 3 von Seite 11.*

Seite 11

3 *Die hier markierten Stellen solltest du überarbeitet haben:*
Aufbau und Gefährdung des Regenwaldes
- Einleitung

Teil 1: Aufbau des Regenwaldes in Stockwerken
- Regenwald, Stockwerke: Dachgeschoss, Mittelgeschoss, Erdgeschoss
- Welche Tiere und Pflanzen? Wie viel Licht? Wie viel Regen?

Das Dachgeschoss des Regenwaldes
- Kronen der Bäume (40–50 Meter), geschlossene Decke
- einzelne Überständer (Urwaldriesen bis 80 Meter)
- zwei Drittel aller Tiere und Pflanzen

Das Mittelgeschoss des Regenwaldes
- junge Bäume, Sträucher
- dämmriges Licht

Das Erdgeschoss des Regenwaldes
- Bodennähe, kaum nährstoffreicher Humus
- Pilze, Farne, Moose, Wurzeln der Bäume
- Millionenheere von Treiberameisen
- düsteres Licht (nur 2 % des Sonnenlichts)

Teil 2: Gefährdung des Regenwaldes
- Zerstörung des Regenwaldes, Gründe und Folgen

Gründe für die Zerstörung des Regenwaldes
- Rodung Regenwald, Gewinn Holz und anderer Rohstoffe
- Weiden für Rinderherden, Plantagen
- aus Tieren und Pflanzen: Medikamente, Kosmetika

Folgen der Zerstörung des Regenwaldes
- fruchtbarer Boden (Humus) schwimmt weg (Regen/Erosion)
- Wald wächst nicht nach (400–900 Jahre braucht ein Baum)
- Bodenerwärmung stärker, Klimaänderung weltweit

Teil 3: Möglichkeiten der ökologischen Landwirtschaft im Regenwald
- Wanderfeldbau, Wald kann nachwachsen, Funktionsweise?

Rodungsinseln
- Brandrodung, Urwaldriesen bleiben stehen, Anbau von Nahrung

Siedlungsinseln
- Dorf auf Zeit, nach ein paar Jahren verlassen

Nachwachsender Wald
- nach 20 Jahren Sekundärwald, nicht genauso üppig

Schluss:
- schlecht: Zerstörung des Regenwaldes trotz guten Aufbaus
- Millionen von Jahren riesiges Paradies (15 Mio. km²)
- in halbem Jahrhundert durch Menschen um Hälfte geschrumpft (jedes Jahr mehr als 100 000 km² weniger)

Seite 12

2 wg. – wegen, % – Prozent, o. Ä. – oder Ähnliches, - – ohne, / – oder, z. T. – zum Teil/teilweise, = – das bedeutet/das ist, -> – daraus folgt/das hat zur Folge, z. B. – zum Beispiel, ≈ – ungefähr

3 *So könnten deine neuen Stichworte aussehen:*
- Biosprit = E 10
- E 10: 10 % Bio-Ethanol, z. B. aus Weizen, Rüben und Mais
- Super: 5 % Bio-Ethanol
- Einführung E 10: Februar 2011, nach wochenlanger Verzögerung
- Autofahrer teilweise verunsichert, ob ihr Auto E 10 verträgt/es beschädigt wird
- Möglichkeit der Beschädigung durch E 10 bei 10 % der Autos
- Internet: Liste von Autos, die kein E 10 vertragen

Seite 13

4 Es ist Pflicht, die Schutzsorte E5 zu tanken. Normales Super-Benzin enthält 95 Oktan. Super-Plus-Benzin enthält 98 Oktan und ist 5 bis 8 Cent teurer.

5 Der Trick bleibt unverständlich, weil offenbar wichtige Informationen fehlen. Es fehlen zum Beispiel die Informationen, wer den Trick ausübt und wer davon betroffen ist.

6 *So könnten deine Stichworte aussehen:*
- Umweltminister Norbert Röttgen (CDU): Schutzsorte E5 (max. 5 % Ethanol) muss jede Tankstelle anbieten
- E5 + E 10 nicht zum gleichen Preis angeboten
- kein herkömmliches Super E5 mit 95 Oktan -> nur höherwertiges E5 mit 98 Oktan (Super Plus) als Schutzsorte angeboten
- Autofahrer müssen 98-Oktan-Benzin tanken + 5 bis 8 Cent pro l mehr bezahlen

Seite 14

1 *Auf diese Stichworte könntest du gekommen sein:*
Verschmutzung an den Stränden
Ölfässer am Meeresboden
Abfälle von Schiffen

2 *Das könntest du vermutet haben:*
Ich vermute, dass es in diesem Textauszug um die Ursachen und Folgen von Abfällen im Meer geht.

3 *Diese Begriffe könntest du aufgeschrieben haben:*
gravierendes Problem, mariner Abfall, Mülldeponien, illegale Müllbeseitigung, Gefährdungspotenzial für Meereslebewesen, signifikante Gefahr, Abbau von Plastik in 450 Jahren

Seite 16

4 b. *So solltest du deinen Arbeitsauftrag beschrieben haben:*
Ich soll eine Zusammenfassung des Textauszugs „Abfälle im Meer – ein Überblick“ schreiben.

c. *So solltest du deine Vorgehensweise aufgeschrieben haben:*
- die Aufgabenstellungen zum Textverständnis bearbeiten
- die Fotos dabei berücksichtigen und die Informationen aus dem Schaubild einbeziehen
- mithilfe der Überschriften und Schlüsselwörter die Zusammenfassung vorbereiten

5 und **6**
Diese Zwischenüberschriften und Schlüsselwörter könntest du aufgeschrieben haben:
1. Absatz:
Was sind marine Abfälle?
- ein gravierendes Problem
- Materialien, die in die Meeresumwelt gelangen
- Müll, der von Land sowie von Schiffen oder Meeresanlagen ins Meer gelangt

2. Absatz:
Gefahr für die Meeresbewohner
- mariner Abfall an der Meeresoberfläche, auf dem Grund und an Stränden
- über den ganzen Globus verteilt
- Gefährdungspotenzial für Meereslebewesen
- Verlust der Biodiversität

3. Absatz:
Die Folgen der Fischerei
- ein Zehntel – 640 000 t – geht auf die Fischereiausrüstung zurück, z. B. Netze

4. Absatz:
Die Gefahr von Plastikmüll
- Abbauzeit von Plastik: 450 Jahre
- Plastik wird in kleinere Teile zersetzt
- Partikel konzentrieren gefährliche Chemikalien, Gefahr für die Nahrungskette
- negative Folgen

7 *Diese Fragen könntest du aufgeschrieben haben:*
Was gehört zum marinen Müll?
Warum ist Plastikmüll besonders gefährlich?

8 *So könnten deine Erklärungen lauten:*
ein gravierendes Problem (Z. 2) – ein schwerwiegendes Problem
der marine Abfall (Z. 8) – der Abfall im Meer
die orale Aufnahme (Z. 31) – die Aufnahme über den Mund oder das Maul
die Biodiversität (Z. 46) – die Artenvielfalt von Ökosystemen
die Mikroplastik (Z. 65) – mikroskopisch kleine Partikel

Seite 17

1 *So solltest du die Fragen beantwortet haben:*
A Der Müll gelangt einerseits vom Land ins Meer, andererseits durch Schiffe und Meeresanlagen.
B Meereslebewesen verfangen sich regelmäßig in Abfällen oder können durch vermeintliche Nahrungsaufnahme daran ersticken bzw. verhungern.
C Mariner Müll besteht zu 70 % aus Plastikabfällen, deren Abbauzeit mit 450 Jahren besonders lang ist.

2 *Diese Aussagen sind richtig:*
Besonders Plastikmüll führt zur zunehmenden Verschmutzung der Meere und zur Zerstörung der Biodiversität.
Es dauert sehr lange, bis der Plastikmüll im Meer abgebaut ist.

3 *So könntest du den Satz erklärt haben:*
Meeresabfälle sind Gegenstände, die von und durch Menschen produziert werden. Nach dem Gebrauch werden sie absichtlich oder unabsichtlich im Meer entsorgt.

4 *So könntest du die Fragen beantwortet haben:*
Das Schaubild zeigt die Abbauzeiten von Meeresabfällen.
Das größte Problem sind Fischernetze, da sie erst nach 600 Jahren abgebaut sind.

5 *Diese Zeilenangaben wirst du bestimmt herausgefunden haben:*
Z. 58–64

Z **6** *Zu dieser Feststellung könntest du gekommen sein:*
Aufgrund des großen Zahlenbereichs (von zwei Monaten bis 600 Jahren) könnte man diese Werte in einem Säulen-, Balken-, Kreis- oder Kurvendiagramm nicht übersichtlich darstellen. Das gewählte Schaubild hat zudem den Vorteil, dass es durch die Zeichnungen besonders anschaulich ist.

Seite 18

7 *Diese nominalisierten Verben solltest du aufgeschrieben haben:*
durch Wegwerfen, das Verheddern, mit dem Risiko des Erstickens und Verhungerns, das Verfangen in Netzen

8 *So könntest du die Sätze umformuliert haben:*
A Viele Materialien werden weggeworfen oder gelangen als herrenloses Gut in die Meeresumwelt.
B Meereslebewesen können an den Abfällen ersticken und verhungern.
C Eine große Gefahr besteht darin, dass die Meeresbewohner sich in den Netzen verfangen.

9 *Diese Wörter solltest du als Alternative angekreuzt haben:*
A bedeutsame
B Zersetzung

Seite 19

1 *So könntest du deine Einleitung geschrieben haben:*
Der Text „Abfälle im Meer – ein Überblick“ ist ein Auszug aus einer Studie des Umweltbundesamts. Darin geht es um die Gefahr der marinen Abfälle in Meeren.

2 *Diese Stichworte könntest du aufgeschrieben haben:*
- Meeresabfälle – ein großes Problem
- mariner Müll – Abfälle, die von Land sowie von Schiffen und Meeresanlagen ins Meer gelangen
- ist auf dem Grund, an der Meeresoberfläche und an den Stränden zu finden
- überall verteilt
- Gefahr für Meereslebewesen, die sich darin verheddern oder dadurch ersticken können
- viele Meereslebewesen sind betroffen, Arten verschwinden, sterben aus
- ein Zehntel des Abfalls wird durch die Fischerei verursacht
- Plastikabfälle sind 70 % des Meeresmülls
- lange Abbauzeiten (450 Jahre)
- Zersetzung in immer kleinere Teile, gehen so ins marine Nahrungsnetz ein
- Folgen: hohe Kosten für Abfallbeseitigung

3 *So könntest du die Zusammenfassung geschrieben haben:*
Der Text „Abfälle im Meer – ein Überblick“ ist ein Auszug aus einer Studie des Umweltbundesamtes. Darin geht es um die Gefahr der marinen Abfälle in Meeren. Meeresabfälle sind Abfälle, die vom Land oder durch Schiffe und Meeresanlagen ins Meer gelangen. Der Abfall verteilt sich und ist auf dem Grund, an der Meeresoberfläche und an den Stränden zu finden. Er stellt eine große Gefahr für die Meereslebewesen dar, die sich darin verheddern oder durch vermeintliche Nahrungsaufnahme ersticken können. Dadurch wird die Artenvielfalt beeinflusst. Besonders Plastikabfälle sind gefährlich, da sie erst nach 450 Jahren abgebaut sind. Plastik wird über eine lange Zeit in immer kleinere Teilchen zersetzt und gelangt auch in die Nahrungskette. Eine andere Folge sind die hohen Kosten der Abfallbeseitigung.

Seite 21

2 *So könntest du den Zeitungsartikel zusammengefasst haben:*
In dem Zeitungsartikel „Hässlicher Plastikmüll an schönen Stränden“ von Sigrid Totz geht es um den Plastikmüll im Meer und die Folgen für die Meeresbewohner.

3 *Die Begriffe könntest du so aus dem Textzusammenhang erklärt haben:*
biologisch abbaubare Substanzen (Z. 12) - Bestandteile, die in die Natur wieder eingehen
der Kreislauf des Lebens (Z. 15) - die Wiederkehr von Geburt und Tod
die Plastikkomponenten (Z. 25–26) - Bestandteile von Plastik

4 *Diese Sätze mit den Zeilenangaben solltest du angekreuzt haben:*
Seevögel halten Müll für Nahrung und ersticken daran. (Z. 38–46)
Ein Verbot von Plastiktüten könnte einen Teil des Problems lösen. (Z. 47–54)

5 **a.** und **b.**
Diese Meinung der Autorin solltest du herausgefunden haben:
Die Autorin Sigrid Totz ärgert sich über den angeschwemmten Müll, der die Umwelt belastet und die Meeresbewohner bedroht. Sie fordert eine EU-weite Lösung.

6 **a.** *So könntest du deine Argumente formuliert und belegt haben:*
- Der Plastikmüll im Meer muss abgebaut werden!
- Plastikmüll nimmt zu, aufgrund der langen Abbauzeit gelangen mehr und mehr Plastikteile ins Meer und es erhöht sich die Menge an Plastikmüll.
- Plastikmüll verhindert Tourismus, Urlauber wollen ihre freie Zeit nicht an verschmutzten Stränden verbringen.
- Plastikmüll gefährdet die Meereslebewesen, jedes Jahr sterben Tausende Tiere durch Verschlucken oder Verheddern.

7 *Bist du vielleicht auch auf diese Ideen gekommen?*
Plastiktüten sollten in Europa sofort verboten werden.
Es sollte ein Gesetz gegen die Müllentsorgung auf dem Wasser geben.
Es könnte eine Konstruktion erfunden werden, mit der die Plastikteilchen aus dem Wasser gefischt werden.

8 *So könntest du deine Stellungnahme formuliert haben:*
Müll gehört nicht ins Meer!
Ich bin der Meinung, dass Müll im Meer nichts zu suchen hat. Es sollte alles getan werden, damit der Müll reduziert wird. Besonders die Plastikabfälle überschwemmen ganze Gebiete von Meeren, sammeln sich in Strudeln, die gewaltige Ausmaße annehmen. Plastik kann erst über Jahre hinweg zersetzt werden. Es teilt sich in immer kleinere Partikel, die von Meeresbewohnern geschluckt werden und die zum Schluss auch auf unsere Teller gelangen können.
Auch die Abfälle am Strand können den Urlaub verderben. Auf meinem letzten Urlaub in Spanien war der ganze Strand voller Abfälle. Alle haben sich geärgert. Wer will da schon Urlaub machen? Das hat auch Auswirkungen auf den Tourismus. Besonders traurig ist das Verheddern von Meeresbewohnern in alten Fischereinetzen oder Angelschnüren. Viele Seevögel und Meeressäugetiere sterben dadurch.
Wenn wir nicht noch mehr Meeresbewohner verlieren wollen, müssen wir etwas dagegen tun. Wir können im Kleinen anfangen: Ist eine Plastiktüte wirklich so gut, ist ein Leinenbeutel nicht besser?

Seite 23

2 *So könntest du den Zeitungsartikel zusammengefasst haben:*
In dem Zeitungsartikel vom 28. Januar 2009 wird über eine Tagung berichtet, die sich mit dem Thema „Datensicherheit in den sozialen Online-Netzwerken“ auseinandersetzt.

3 *Diese Begriffe könntest du so erklärt haben:*
eine virtuelle Identität (Z. 11) - eine künstliche, nicht reale Selbstdarstellung
das „Daten-Outing“ (Z. 38) - die sorglose Freigabe von eigenen Daten
das „Identitätsmanagement“ (Z. 94) - die Fähigkeit, Daten zur eigenen Person angemessen zu präsentieren

4 **a.** *Deine Vorgehensweise kannst du in Stichworten so notiert haben:*
- in einer Tabelle Pro- und Kontra-Argumente aus dem Zeitungsartikel und den Äußerungen aufschreiben
- eigene Argumente ergänzen
- Argumente durch Beispiele verdeutlichen
- sich eine eigene Meinung bilden und eine These aufstellen
- die Argumente nach der Wichtigkeit ordnen
- die Argumente nach dem Sanduhrprinzip ordnen
- ein Gegenargument entkräften
- einen Leserbrief mit drei Pro- und drei Kontra-Argumenten schreiben

b. *Die Fragestellung für die Argumentation könnte so lauten:*
Birgt die Nutzung von sozialen Online-Netzwerken mehr Nachteile als Vorteile?

Seite 24

5 **b.** In dem Zeitungsartikel wird vor dem leichtfertigen Umgang mit sozialen Online-Netzwerken gewarnt. Es werden die Nachteile benannt, die als Kontra-Argumente angesehen werden können.

6 *So könntest du deine Erfahrungen beschrieben haben:*
Soziale Online-Netzwerke wie Facebook, myspace, schülerVZ und studiVZ sind mir bekannt. Allerdings nutze ich diese Netzwerke nicht, sie sind mir zu groß. Außerdem weiß man nicht, wer alles darauf Zugriff hat und meine Daten nutzen könnte. Ich bin in unserem Schulnetzwerk vertreten, da können nur die Schulangehörigen Mitglied werden. Der Kreis ist überschaubar und sicher.

Seite 25

8 *So könntest du die Tabelle ausgefüllt bzw. ergänzt haben:*

Pro-Argumente	Kontra-Argumente
- weltweite Kontakte - Freundschaften schließen - alte Freunde wiederfinden und Kontakt halten - man gehört dazu - man ist nicht allein und kann zu jeder Tages- und Nachtzeit kommunizieren - man kann kreativ sein - für jeden erschwinglich - jederzeit erreichbar - schneller Informationsaustausch	- virtuelle Freunde sind schwer erreichbar - virtueller Identitätsdiebstahl - Bedrohung im Internet - unübersichtliches Netz - Datenmissbrauch - viel Werbung und Freundschaftsanfragen - langweilig nach einer Zeit - virtuelle, keine reale Welt - Persönlichkeiten und Profile werden erfunden - Zeitverschwendung - der soziale Druck wächst

9 *Vielleicht hat dich dieses Argument am stärksten überzeugt und du hast es so begründet:*
Über die sozialen Online-Netzwerke lassen sich sehr schnell Kontakte knüpfen. Jederzeit kann ich eine E-Mail schreiben oder chatten, wenn der andere online ist. Der Kontakt ist meist sofort da, ich muss auf keinen Brief warten oder eine günstige Zeit zum Telefonieren suchen. Die Kommunikation ist von überall möglich.

10 *Vielleicht hat dich dieses Argument am wenigstens überzeugt und du hast es so begründet:*
Langweilig ist die Nutzung von sozialen Online-Netzwerken auf keinen Fall. Ich bin ständig in Kontakt mit meinen Freundinnen und Freunden, erfahre, wie es ihnen geht, kann mir ihre neuen Fotos ansehen, kann ihren Musikvorschlägen zuhören. Es gibt immer etwas Neues zu sehen, zu hören oder zu besprechen.

12 *Diese Beispiele könntest du zu deinen Argumenten gefunden haben:*
Pro-Argumente
In einem sozialen Online-Netzwerk kann man schneller Freundschaften schließen, da man ständig neue Freunde und Freundinnen kennen lernen kann. Ich habe durch das Online-Netzwerk eine nette Freundin gefunden, mit der ich jetzt viel erlebe. Auch alte Freunde lassen sich wiederfinden, zu denen man sonst gar keinen Kontakt mehr hätte. Über Facebook wurde ich zu einem Klassentreffen eingeladen, von dem ich sonst nichts gewusst hätte.
Hinzu kommt, dass Online-Chatten und Mailen einfach viel preiswerter als Telefonate sind. Wie oft hatte ich mit meinen Eltern Ärger, weil die Telefonrechnung so hoch war. Dabei wollte ich doch nur mit meinen Freundinnen reden.

Kontra-Argumente
Das Internet kann auch eine Bedrohung sein. Ich weiß nicht, wer auf meine Daten zugreift und ob diese weitergegeben werden. In den Medien wird ständig darauf hingewiesen, seine Daten genau zu prüfen, bevor sie online gestellt werden.
Die Freundschaften im Internet sind nicht real. Mein Cousin kommuniziert weltweit und hat über 450 Online-Freundschaften. Als sein Hund starb und er Unterstützung brauchte, konnten ihm diese Freunde nicht besonders helfen, sie waren zu weit weg.

13 *Vielleicht hast du diese These so oder ähnlich formuliert:*
Soziale Online-Netzwerke müssen mit Vorsicht genutzt werden, da sie zwar viele Vorteile, aber auch Nachteile haben.

Seite 26

1 *So könntest du deine Begründung geschrieben haben:*
Wenn man mit dem stärksten Argument der Gegenthese beginnt und zu den schwächeren kommt, verlieren die Gegenargumente an Überzeugungskraft. Die Argumentation erfolgt steigend. Das stärkste Argument der eigenen These steht am Schluss, da es das wichtigste ist und den Höhepunkt der Argumentation bildet. So bleibt es in Erinnerung.

2 *So könntest du deine Argumentation aufgebaut haben:*
stärkstes Gegenargument: Soziale Online-Netzwerke bieten viele Möglichkeiten, um Menschen kennen zu lernen und Freundschaften zu schließen.
mittelstarkes Gegenargument: Jederzeit und von vielen Orten kann kommuniziert werden.
schwächstes Gegenargument: Man ist Teil einer Gemeinde und gehört dazu.
schwächstes Argument: Das Netz ist groß und unübersichtlich, niemand weiß, wer auf deine Daten zugreifen kann.
mittelstarkes Argument: Es gibt eine Vielzahl von virtuellen Identitäten, die sich nicht überprüfen lassen.
stärkstes Argument: Daten werden missbraucht, neue Identitäten werden erstellt, das hat Folgen bis ins private und berufliche Leben.

3 *So solltest du die sprachlichen Mittel eingeordnet haben:*

Satzverknüpfer (Konjunktionen/ Adverbien)	Textverknüpfer für Einleitungen und Überleitungen
außerdem,	zum Ersten ...,
obwohl,	eine wichtige Rolle spielt ...,
sodass,	einerseits – andererseits ...,
infolgedessen,	zunächst lässt sich feststellen ...,
demzufolge,	das zeigt ...,
darüber hinaus,	dies belegt ...,
denn,	wie das Beispiel zeigt ...,
darum,	beispielsweise ...,
weil	hinzu kommt ...,
	dagegen spricht, dass ...,
	zu überlegen ist auch, dass ...

Seite 27

1 *So könntest du die Fragen beantwortet haben:*
Ich richte meinen Brief an die Leserinnen und Leser einer Computer-Zeitschrift, die sich mit dem Computer auskennen. Dadurch muss ich zwar einerseits bestimmte Fachwörter nicht mehr erklären, aber andererseits sollte der Stil angemessen sachlich sein.

2 *Deine Einleitung könnte so lauten:*
Die meisten Jugendlichen sind nachmittags in einem der vielen sozialen Online-Netzwerke vertreten. Twitter, Facebook, schülerVZ und studiVz gehören einfach in den Alltag eines jeden Jugendlichen. Doch was geschieht, wenn plötzlich die Daten anders genutzt oder sogar missbraucht werden? Überwiegen die Nachteile der Nutzung der sozialen Online-Netzwerke? Sollten wir deshalb auf soziale Online-Netzwerke verzichten? Ich denke, Online-Netzwerke sind aus dem heutigen Leben nicht mehr wegzudenken, es kommt jedoch darauf an, sie gezielt zu nutzen und sich auch über die Nachteile im Klaren zu sein.

3 *Dein Hauptteil könnte so aufgebaut sein:*
Viele denken, dass der Umgang mit den sozialen Online-Netzwerken großartige Möglichkeiten bietet. Ein Hauptargument ist die weltweite Kommunikation mit anderen Menschen. Es werden die vielen Kontakte zum Beispiel durch das Netzwerk Facebook gelobt, die über Ländergrenzen hinausgehen. Doch schaut man sich wirklich einmal die Kommentare und Anmerkungen gerade bei Facebook an, wird man ganz schnell feststellen, dass diese oberflächlich sind, sich oft an eine Gruppe richten. So ist zu fragen, ob man hier wirklich von Freundschaften sprechen kann und was diese Freundschaften ausmacht. Ein weiterer Vorteil ist, dass man jederzeit und überall kommunizieren kann. Schnell ist ein Internetcafé gefunden, in dem neueste Informationen ausgetauscht, Filme und Fotos hochgeladen werden können.

(Fortsetzung auf Seite 6)

zu Seite 27

Viele vertreten die Ansicht, dass sie durch die Teilnahme an sozialen Online-Netzwerken auch ein Teil einer Gemeinde sind und dazugehören. Sie fühlen sich nicht mehr allein. Durch die Kommunikation per Chat oder Mail können Probleme viel schneller als über ein Telefongespräch gelöst werden, so behaupten meine Freunde.
Meiner Meinung nach ist jedoch die Nutzung von sozialen Online-Netzwerken mit Gefahren verbunden, die leicht unterschätzt werden.
Das ist zum einen die Zeitverschwendung. Aus meinen Erfahrungen weiß ich, wie viel Zeit vergehen kann, wenn ich im Netz zu allen möglichen Themen chatte, was nicht immer wichtig ist. Darüber hinaus ist das Internet groß und sehr unübersichtlich, niemand weiß genau, wer wann auf wen zugreift. Es gibt eine Vielzahl von Identitäten, die sich nicht überprüfen lassen. Es lässt sich nirgends so einfach lügen wie im Internet. Selbst wenn Profile gelöscht werden, ist es nicht sicher, ob sie auch wirklich entfernt wurden.
Für wichtig halte ich die Tatsache, dass es immer wieder Fälle von Datenmissbrauch gibt. Das sind Berichte über Menschen, die sich in Online-Netzwerke einschummeln, um Kontakt zu Kindern und Jugendlichen zu erhalten. Bei einer Studie von Stiftung Warentest 2010 wurden Mängel im Umgang mit den privaten Daten bei den Netzbetreibern festgestellt.

4 *So könnte dein Schluss geschrieben sein:*
Gerade das letzte Argument, die oft fehlende Datensicherheit, sollte eine Warnung sein. So müssen sich jede Nutzerin und jeder Nutzer genau überlegen, welche Daten von Hobbys bis hin zu Fotos sie oder er ins Netz stellt. Ich vertrete die Auffassung, dass soziale Online-Netzwerke zum Leben dazugehören, doch mit Vorsicht genutzt werden sollten.

5 *So könntest du den Leserbrief begonnen haben:*
Sehr geehrte Damen und Herren,
in der Computer-Zeitschrift fand ich Ihren Aufruf zur Auseinandersetzung zum Umgang mit sozialen Online-Netzwerken.

Seite 28

1 *Das könntest du angemerkt haben:*
- die Umgangssprache wird verwendet
- Aufbau der Argumentation (Sanduhrprinzip) fehlt
- es fehlen Begründungen

2 *Diese Antworten solltest du angekreuzt haben:*
Die Einleitung benennt das Problem, um das es geht. Robert nennt Argumente für die Teilnahme an Online-Netzwerken.
Er belegt einzelne Argumente mit anschaulichen Beispielen.
Sein Schlusssatz fasst das Problem noch einmal zusammen.

3 **a.** *Dieses Pro-Argument solltest du markiert haben:*
Ich habe jetzt jede Menge Freunde, kann erzählen, was ich gerade so mache und wie ich drauf bin, und ich kann in der Schule mitreden.

b. *So könntest du Roberts Argumentation beurteilt haben:*
Robert hat ein Argument überzeugend und anschaulich dargelegt, wenn er von seinen Erfahrungen berichtet.
Die anderen Argumente fehlen.

4 **a.** *Dieses Kontra-Argument solltest du markiert haben:*
Es wird ja viel Missbrauch mit den Daten getrieben, auch kann jeder auf deine Daten zugreifen, wenn du nicht aufpasst.

b. *So könntest du Roberts Argumentation beurteilt haben:*
Robert gibt wieder, was er gehört hat, geht aber darauf nicht ein. Er erwähnt auch nur ein Argument, das gegen die Nutzung spricht.

5 *So könntest du Roberts Stellungnahme beurteilt haben:*
Robert geht zum Schluss noch einmal auf seine Position ein, allerdings verwendet er hier die Alltagssprache und beschimpft Menschen, die eine andere Meinung haben.

6 *Diese Sätze könntest du so überarbeitet haben:*
Ich habe viele Freunde, denen ich erzählen kann, was ich mache und wie es mir geht. Auch in der Schule gehöre ich dazu.
Es gibt Nachteile bei der Nutzung von sozialen Online-Netzwerken.
Ich denke, dass Online-Netzwerke sehr gute Kommunikationswege anbieten und in die moderne Zeit gehören.

7 *So könntest du Roberts Argumentation nach dem Sanduhrprinzip aufgebaut haben:*
Gegenthese: Die Nutzung von Online-Netzwerken hat Nachteile.
stärkstes Argument: Die Daten können nicht geschützt werden.
mittelstarkes Argument: Alles geschieht virtuell und hat nichts mit dem wirklichen Leben zu tun.
schwächstes Argument: Es kostet viel Zeit.
These: Online-Netzwerke sind aus dem heutigen Leben nicht mehr wegzudenken.
schwächstes Argument: Freundschaften lassen sich schnell schließen.
mittelstarkes Argument: Informationen können schnell ausgetauscht werden.
stärkstes Argument: Man hat viele Freunde weltweit, mit denen man sein Leben teilen kann.

8 *So könntest du Roberts Leserbrief überarbeitet haben:*

Hallo, liebe Redaktion,

Sie haben in Ihrer Zeitschrift dazu aufgerufen, die eigene Meinung zum Umgang mit den sozialen Online-Netzwerken darzustellen. Ich denke, dass die Nutzung von sozialen Online-Netzwerken in die heutige Zeit gehört.
Es gibt Menschen, die immer wieder auf die Nachteile der Online-Netzwerke hingewiesen haben. Sie sagen, dass die Daten nicht geschützt werden könnten, und führen Beispiele für den Datenmissbrauch an.
Ein weiteres Argument, das oft genannt wird, ist die Verlagerung des wirklichen Lebens in die virtuelle Welt. Sicher gibt es Menschen, die sich vor dem Rechner in ihre Welt zurückziehen. Darüber hinaus wird oft gesagt, dass die Kommunikation viel Zeit kostet. Sicherlich haben alle Argumente ihre Berechtigung, dennoch denke ich, dass die sozialen Online-Netzwerke aus dem heutigen Leben nicht mehr wegzudenken sind.
Es lassen sich schnell Freundschaften schließen. Ich kann viel schneller auf jemanden zugreifen, dessen Daten ich interessant finde. Auf diese Weise habe ich schon viele Freunde kennen gelernt.
Informationen lassen sich schnell austauschen, meine Freunde wissen immer über mein Leben Bescheid, ob ich ins Konzert oder zum Fußball gehe. Ich informiere sie darüber und stelle nachher auch Fotos ein. So können sie auch an meinem Leben teilhaben. Ich habe mir mein eigenes Netzwerk aufgebaut. Es ist außerdem viel günstiger, als wenn ich einen Freund anrufen würde, so kann ich alle gleichzeitig erreichen.
Ich denke, soziale Online-Netzwerke gehören zu einem modernen Leben. Wenn man sich über die möglichen Gefahren bewusst ist und auf die Sicherheit seiner Daten achtet, kann nichts passieren.

Mit freundlichen Grüßen

Robert

Seite 29

2 *Diese Argumente könntest du herausgefunden haben:*

Pro-Argumente	Kontra-Argumente
- mehr Gemeinsamkeiten - die Aktion verbindet - neue Erfahrungen (was passiert mit mir, wenn ich nicht mehr online bin) - Ausprobieren von anderen Offline-Kommunikationswegen - mehr Zeit für andere Aktivitäten	- fehlende Informationen durch das Internet - zeitaufwändiger - höhere Telefonkosten - das Experiment geht an der Zeit vorbei, weil Online-Netzwerke einfach zum Leben dazugehören

3 **a.** *So könntest du deine These formuliert haben:*
Dieses Experiment ist unnütz, da man sich nicht gegen den Fortschritt stellen kann.

b. *Vielleicht hast du deine Argumentation ähnlich aufgebaut:*
Gegenthese: Auf die Nutzung von Online-Medien kann man auch verzichten.
stärkstes Argument: Man probiert andere Kommunikationswege aus und macht dadurch neue Erfahrungen.
mittelstarkes Argument: Die Aktion verbindet.
schwächstes Argument: Man hat mehr Zeit.

eigene These: Online-Medien sind aus dem heutigen Leben nicht mehr wegzudenken.
schwächstes Argument: Die Kommunikation ist viel zeitaufwändiger.
mittelstarkes Argument: Es entstehen mehr Kosten.
stärkstes Argument: Auf das Internet kann man nicht verzichten.

c. *So oder ähnlich könntest du deine Argumentation geschrieben haben:*
An unserer Schule wurde von einer Schülerin aus einer 9. Klasse vorgeschlagen, für ein halbes Jahr auf alle Online-Möglichkeiten zu verzichten und sich nur offline zu bewegen. Sie kam auf diese Idee durch ein Buch, das dazu veröffentlicht wurde. Ich finde den Vorschlag spannend, kann mir aber nicht vorstellen, mich daran zu beteiligen. Dazu ist mir die Nutzung von sozialen Online-Netzwerken zu wichtig.
Viele denken, dass dadurch Kommunikationswege wiederentdeckt werden, z. B. das Schreiben von Postkarten und Briefen. Das hat auch der Autor in seinem Buch behauptet und von diesem Gefühl berichtet, wie toll es wäre, wieder einen handgeschriebenen Brief zu lesen.
Darüber hinaus wird angeführt, dass diese Aktion die 9. Klassen verbinden würde, weil alle ein Thema haben und sich damit auseinandersetzen. So könnten sie über ihre Erfahrungen sprechen.
Ein anderes Argument, das verwendet wird, ist die viele Zeit, die man plötzlich hätte. Diese könnte für Aktionen im realen Leben genutzt werden, z. B. Kinobesuche, Basketball spielen.
Aber wenn man sich die genannten Vorteile genau betrachtet, wird man merken, dass diese Vorteile gar nicht existieren. Ein Leben ohne Online-Medien ist schwer möglich.
Zum Ersten ist die Kommunikation viel aufwändiger. Ich muss telefonieren, bin auf die Anwesenheit des anderen angewiesen. Ich kann nicht mehr einfach ein Dokument per Mail schicken. Ich könnte noch ein Faxgerät verwenden, aber selbst dieses gibt es heute immer seltener.
Es entstehen viel höhere Kosten, wenn ich anrufe und länger mit jemandem etwas besprechen will.
Und aus meinen Erfahrungen kann ich mir nicht vorstellen, auf das Internet für ein halbes Jahr zu verzichten. Woher erhalte ich dann die Informationen? Wie oft recherchiere ich im Internet nach dem Wetter, nach Veranstaltungen, Musik und anderem. Stattdessen müsste ich mir dann Zeitschriften kaufen oder das Fernsehprogramm studieren.
Insgesamt finde ich die Idee gut, sich darüber Gedanken zu machen und es auszuprobieren. Doch ich denke, dass das Internet und auch die sozialen Online-Netzwerke das Leben erleichtern und auch Kosten sparen. Aus diesen Gründen werde ich an diesem Projekt nicht teilnehmen.

Seite 32

3 1. Kurzgeschichte mehrmals gewissenhaft lesen – 2. Inhaltsangabe in wenigen Sätzen – 3. Merkmale Kurzgeschichte nachweisen – 4. Erzählform untersuchen – 5. Erzählperspektive untersuchen – 6. Textbelege einfügen – 7. Hauptfigur analysieren – 8. Vorstellungen des Fans mit der Realität vergleichen – 9. Textbelege einfügen – 10. Interpretationsaufsatz schreiben – 11. Aufsatz überarbeiten

4 Die Kurzgeschichte „Die Schauspielerin“ wurde von Katharine Brush geschrieben.

5 **Hauptfigur**: New Yorker Theaterschauspielerin
Situation: liegt bei ihrer morgendlichen Tasse Kaffee im Bett und liest ihre Fanpost

6 *Diese richtigen Aussagen solltest du angekreuzt haben:*
☒ Er ist ein Fan und schreibt der Schauspielerin einen Brief.
☒ Er weiß vieles aus dem Leben der Schauspielerin.
☒ Sie gehört zu seinem Leben.

7 Am Ende der Kurzgeschichte legt die Schauspielerin den Brief zur übrigen Post, vergisst ihn schnell wieder und reißt einen Streifen von ihm ab, den sie als Notizzettel verwendet.

8 *So könnte die Inhaltsangabe aussehen:*
In der Kurzgeschichte „Die Schauspielerin“ von Katharine Brush geht es um eine New Yorker Theaterschauspielerin, die morgens bei einer Tasse Kaffee ihre Fanpost liest. Sie stößt dabei auf den Brief von einem jungen männlichen Fan, der ihr öffentliches Leben seit längerer Zeit verfolgt und in dessen Leben sie eine große Rolle spielt. Am Ende der Kurzgeschichte legt sie den Brief zur übrigen Post, vergisst ihn und reißt einen Streifen ab, den sie als Notizzettel verwendet.

Seite 33

1 Die Handlung beginnt damit, dass der Hauptfigur einer der an sie geschickten Briefe besonders auffällt. Sie betrachtet ihn genau von ihrem Bett aus.

2 Das Merkmal trifft zu. Es handelt sich um ein alltägliches Geschehen, denn die Schauspielerin liegt mit ihrer „morgendlichen Kaffeetasse“ (Z. 4) im Bett, sie macht das also fast jeden Morgen. Nachdem sie den Brief gelesen hat, sind ihre Gedanken schnell wieder bei ihren alltäglichen Besorgungen (Z. 84–87).

3 **a. 1. Abschnitt:** stellte die Kaffeetasse ab, betupfte sich die Lippen, nahm den Brief in die Hand, überflog die erste und die letzte Seite
3. Abschnitt: schob das eine Blatt unter das andere, rührte mit dem Löffel im Kaffee, probierte ihn gedankenverloren, legte den Löffel zurück und las weiter
7. Abschnitt: faltete die Seiten zusammen und legte den Brief zu der übrigen Post, trank ihren Kaffee und zündete sich eine Zigarette an, nahm einen Bleistift, riss einen Streifen Papier vom Brief ab

zu Seite 33

3 **b.** Die Geschichte findet in der Zeitspanne statt, in der die Schauspielerin den 7-seitigen Fanbrief entdeckt, liest und wieder vergisst.

4 An der Handlung sind die New Yorker Theaterschauspielerin und ihr Fan, Brock Henderson, beteiligt. Es ist typisch für eine Kurzgeschichte, dass nur wenige Figuren an der Handlung beteiligt sind.

5 Die Kurzgeschichte endet damit, dass die Schauspielerin den Brief schnell wieder vergisst. Sie reißt sogar einen Streifen ab und benutzt ihn als Notizzettel für ihre alltäglichen Besorgungen.

6 *So solltest du die Merkmale der Kurzgeschichte mithilfe der Ergebnisse aus den Aufgaben 1 bis 5 nachgewiesen haben:*
Die Kurzgeschichte beginnt unvermittelt damit, dass die Schauspielerin bei einer Tasse Kaffee den letzten Brief ihrer morgendlichen Post gleichgültig betrachtet. Ein alltägliches Geschehen wird erzählt. Die Schauspielerin sitzt im Bett, trinkt Kaffee, liest den Brief von einem Fan und notiert danach ihre Besorgungen für den Tag. Es handelt sich um einen kurzen Ausschnitt aus einem alltäglichen Geschehen. Die Geschichte beschreibt nur die Zeitspanne, in der sie den 7-seitigen Fanbrief öffnet, liest, und noch einen kurzen Augenblick nach dem Lesen. An einer Kurzgeschichte sind wenige Figuren beteiligt, hier sind es nur die Schauspielerin und der Fan. Das Ende bleibt offen und lässt viele Deutungsmöglichkeiten zu. Man erfährt nur, dass sie den Brief schnell wieder vergisst und über ihre alltäglichen Besorgungen nachdenkt.

Seite 34

1 **a.**

Abschnitt	1.	2.	3.	4.	5.	6.	7.
Ich-Form		X		X		X	
Er-/Sie-Form	X		X		X		X

b. Die Erzählung beginnt und endet in der Er-/Sie-Form. Dazwischen wechseln sich die Erzählformen Er-/Sie-Form und Ich-Form in jedem Abschnitt ab.

2 **a.** Die Abschnitte in der Ich-Form stehen in wörtlicher Rede und sind Auszüge aus dem Brief des Fans.

b. Drei Abschnitte in der Er-/Sie-Form beschreiben die Handlungen der Schauspielerin. Der fünfte Abschnitt fasst einen großen Teil des Briefes aus der Sicht des Erzählers zusammen und beschreibt die Handlungen und Eindrücke des Fans.

c. Durch die unterschiedlichen Erzählformen werden die beiden Figuren unterschiedlich charakterisiert. Die Hauptfigur wird in der Er-/Sie-Form mit Abstand betrachtet, der Fan äußert sich im Brief direkt in der Ich-Form.

3 **b.** Obwohl der 5. Abschnitt in der Er-/Sie-Form steht, handelt er nicht von der Schauspielerin.

c. Der 5. Abschnitt wird aus der Sicht des Erzählers (oder der Schauspielerin) erzählt.

d. Der 5. Abschnitt unterscheidet sich von den anderen, damit der Erzähler (oder die Schauspielerin) den Brief kurz zusammenfassen und kommentieren kann.

Seite 35

Z **4** *So könntest du die Verwendung des Konjunktivs in den Zeilen 41–45 erklären:*
Durch den Konjunktiv (die indirekte Rede) entsteht eine Distanz zu den wörtlich zitierten Aussagen des Fans.

5 **b.** *Diese beiden Aussagen über den Erzähler solltest du angekreuzt haben:*
Der Erzähler
X mischt sich stellenweise ein und kommentiert.
X spart innere Vorgänge aus, beschreibt aber detailreich das Verhalten der Hauptfigur.

6 *siehe Lösungen zu Aufgabe 7*

7 *So solltest du deine Ergebnisse zur Erzählform und -perspektive aus den Aufgaben 1 bis 6 zusammengefasst haben:*
In der Kurzgeschichte „Die Schauspielerin" werden zwei unterschiedliche Erzählformen verwendet. Die Abschnitte 1, 3, 5 und 7 sind in der Er-/Sie- Form, die Abschnitte 2, 4 und 6 in der Ich-Form geschrieben. Die in der Ich-Form geschriebenen Abschnitte stehen in Anführungszeichen und geben in direkter Rede den Inhalt des Fanbriefs wieder. In den Abschnitten 1, 3 und 7 beschreibt ein Erzähler das Verhalten der Schauspielerin. Durch die Verwendung der unterschiedlichen Erzählformen wird der Unterschied zwischen den Figuren betont. Der 5. Abschnitt unterscheidet sich von den anderen dadurch, dass der Brief hier nicht in direkter Rede wiedergegeben wird. Der Erzähler verwendet stattdessen eine Mischung aus Konjunktiven und Zitaten, also aus indirekter und direkter Rede, und kürzt und kommentiert auf diese Weise den Brief. An dieser Stelle mischt sich der Erzähler ein. Er spart innere Vorgänge aus, beschreibt aber detailreich das Verhalten der Hauptfigur. Die Autorin könnte diese Erzählperspektiven gewählt haben, um einerseits die Gefühle des Fans offen zu zeigen, aber andererseits die Gefühle und Gedanken der Schauspielerin nur anzudeuten.
Auf diese Weise können sich die Leser selber fragen, mit welchen Gefühlen sie auf so einen Brief reagieren würden.

Seite 36

1 frühstückt oft im Bett, trinkt immer ihre morgendliche Tasse Kaffee, raucht, liest ihre Fanpost

2 **b.** Erst ist die Schauspielerin neugierig und gespannt, den Brief zu lesen, vor allem, als sie sieht, dass er von einem jungen Mann ist. Nachdem sie ihn gelesen hat, legt sie ihn jedoch zur anderen Post und vergisst ihn schnell wieder. Sie reißt sogar einen Streifen ab und benutzt ihn als Notizzettel.

3 *So könntest du deine Meinung formuliert haben:*
Ich denke, dieser Fan ist der Schauspielerin nicht wichtiger als die anderen. Sie freut sich über ihre Fans, vergisst sie aber auch schnell wieder und denkt an ihr eigenes Leben zurück.

5 „Er kannte ihr Leben, ihr glitzerndes Leben, und alles, was dazugehörte: Partys, Parfüms, Blumen, Komplimente. Sie war für ihn der Inbegriff von Glanz und Glück, geboren, um zu lachen, zu tanzen und geliebt zu werden. ‚Eine wandelnde Orchidee – wenn ich mich nicht zu banal ausdrücke. Erlesen, exotisch, einzigartig.'" (Z. 51–55)

Seite 37

6

Sprachliche Besonderheiten	Textstellen
ungewöhnliche Anrede mit Appell	„‚Bitte' (keine weitere Anrede), ‚BITTE' (in Großbuchstaben), ‚halten Sie mich nicht für einen Spinner ... '" (Z. 16–17)
rhetorische Frage	„Erinnern Sie sich an den Abend ..." (Z. 22–23)
Selbstironie	„Vielleicht, das heißt wahrscheinlich, gähnen Sie schon." (Z. 34–35)
Übertreibungen	„... jemals die unermessliche Kluft zu überbrücken, die zwischen ..." (Z. 60–61) „Sie sind ein Stück meines Lebens, Sie sind alles, was ich tue, alles, was ich erträume. Ich finde Sie in der Musik und im Mondenschein." (Z. 67–68)
bildliche Sprache	„Welcher Zauber von Ihnen ausgeht!" (Z. 69–70)

7
- „einen weißen Pelz gleich einem duftigen Schneegebilde" (Z. 41) – Vergleich – anschaulich
- „Er verschlang alles, was er ..." (Z. 46–50) – Wiederholung am Satzanfang – eindringlich
- „Eine wandelnde Orchidee ..." (Z. 54) – Metapher – anschaulich, umwerbend, einschmeichelnd

9 *So solltest du deine Ergebnisse aus den Aufgaben 1 bis 5 zu einer Figurenanalyse zusammengefasst haben:*

Aus dem Fanbrief des jungen Mannes erfährt man, dass er von der Schauspielerin den Eindruck hat, als bestehe ihr Leben aus ganz besonderen Ereignissen und Luxus. Er beschreibt sie als „eine wandelnde Orchidee" (Z. 54), „erlesen, exotisch, einzigartig" (Z. 54 f.). Mit dieser Metapher beschreibt der Fan gefühlvoll seinen Eindruck von der Schauspielerin. Ihr Pelzmantel gleicht in seinen Augen „einem duftigen Schneegebilde" (Z. 41). Mit diesem Vergleich versucht er, die Wirkung der Schauspielerin anschaulich zu machen. Allerdings sind weder luftige Schneegebilde noch Orchideen Dinge von Dauer. In diesen sprachlichen Bildern sind vielleicht Hinweise versteckt, dass die Wirkung der Schauspielerin im wirklichen Leben nicht von Dauer ist. Durch die Wiederholungen der Satzanfänge in den Zeilen 46–50 wirkt die Beschreibung des Lebens der Schauspielerin durch den Fan eindringlich. Aus den Abschnitten in der Er-/Sie-Form erfährt man über die Hauptfigur, dass sie im Bett frühstückt, raucht und bei ihrer morgendlichen Tasse Kaffee die Post liest. Sie zeigt Anzeichen von Neugierde, als sie den Fanbrief entdeckt und öffnet. Nachdem sie ihn gelesen hat, vergisst sie ihn jedoch schnell wieder und denkt an ihre alltäglichen Besorgungen zurück.

Vielleicht hat sich die Schauspielerin an einigen Stellen über die begeisterte Beschreibung ihres Lebens durch den Fan gefreut, aber am Ende hat sie in dem Brief nichts für sie Wichtiges entdeckt, vergisst ihn sofort und verwendet ein Stück des Papiers als Notizzettel. Dadurch wirkt die Schauspielerin auf den ersten Blick gefühlskalt, aber vielleicht ist sie als private Person ganz einfach anders, als die Fans sich das vorstellen, und kann deshalb mit solchen Briefen nichts anfangen.

Seite 38

1 bis **8**
So könnte dein Interpretationsaufsatz aussehen:

Interpretation der Kurzgeschichte „Die Schauspielerin" von Katharine Brush

In der Kurzgeschichte „Die Schauspielerin" von Katharine Brush geht es um eine New Yorker Theaterschauspielerin, deren nach außen glanzvolles Leben aus der Sicht eines Fans beschrieben wird.

Die Schauspielerin trinkt ihre morgendliche Tasse Kaffee, liegt im Bett und liest ihre Fanpost. Sie stößt dabei auf den Brief von einem jungen Mann, der ihr öffentliches Leben seit längerer Zeit verfolgt und in dessen Leben sie eine große Rolle spielt. Obwohl sie erst neugierig ist und den Brief dann auch aufmerksam liest, legt sie ihn am Ende jedoch zur übrigen Post und vergisst ihn schnell wieder. Sie reißt sogar einen Streifen ab, um darauf die Erledigungen für diesen Tag zu notieren.

Die Kurzgeschichte beginnt unvermittelt und erzählt ein alltägliches Geschehen. Ein kurzer Ausschnitt aus dem Alltag der Schauspielerin beschreibt die Zeit, in der sie den 7-seitigen Brief entdeckt, liest und wieder vergisst. An der Kurzgeschichte sind nur zwei Figuren beteiligt, die Schauspielerin und der Fan. Das Ende bleibt offen. Man erfährt nur, dass sie den Brief schnell wieder vergisst und über ihre alltäglichen Besorgungen nachdenkt.

Es werden zwei unterschiedliche Erzählformen verwendet. Die Abschnitte 1, 3 und 7 stehen in der Er-/Sie- Form und ein Erzähler beschreibt das Verhalten der Schauspielerin. Die Abschnitte 2, 4 und 6 sind in der Ich-Form geschrieben und stehen in Anführungszeichen. Sie geben in direkter Rede den Inhalt des Fanbriefs wieder. Auffällig ist der 5. Abschnitt. Er unterscheidet sich von den anderen darin, dass der Brief hier nicht in direkter Rede wiedergegeben wird. Stattdessen fasst der Erzähler den Brief in der Er-/Sie-Form mit einer Mischung aus Konjunktiven und Zitaten, also aus indirekter und direkter Rede, zusammen.

Durch die Erzählperspektive mischt sich der Erzähler stellenweise ein und kommentiert das Verhalten, wie in den Zeilen 75–76 „ein weiches Lächeln umspielte ihre Lippen". Er spart innere Vorgänge (Gefühle) aus, beschreibt aber detailreich das Verhalten der Hauptfigur, so zum Beispiel in Zeile 79: „Ihr Gesicht war jetzt ernst und nachdenklich, die Stirn leicht gefältelt". Durch diese Erzählperspektive müssen die Leser die Gedanken und Gefühle der Schauspielerin selbst erraten.

Aus dem Fanbrief des jungen Mannes erfährt man, dass er von der Schauspielerin den Eindruck hat, als bestehe ihr Leben aus ganz besonderen Ereignissen und Luxus. Er beschreibt sie zum Beispiel als „eine wandelnde Orchidee" (Z. 54), „erlesen, exotisch, einzigartig" (Z. 54 f.). Mit dieser Metapher bringt der Fan den starken Eindruck zum Ausdruck, den die Schauspielerin auf ihn gemacht hat. Ihr Pelzmantel gleicht in seinen Augen „einem duftigen Schneegebilde" (Z. 41). Dieser Vergleich zeigt einerseits die Bemühung des Fans, die Schauspielerin mit fantasievoller Wortwahl zu beeindrucken. Andererseits sind weder duftige Schneegebilde noch Orchideen Dinge von Dauer.

In diesen sprachlichen Bildern sind vielleicht Hinweise versteckt, dass die Wirkung der Schauspielerin im wirklichen Leben nicht von Dauer ist. Durch die Wiederholungen der Satzanfänge mit „Er" in den Zeilen 46–50 wirkt die Beschreibung des Lebens der Schauspielerin durch den Fan eindringlich. Im nächsten Abschnitt (Z. 59–73) wiederholen sich dreimal Satzanfänge mit „Ich" aus dem Brief des Fans, die ebenfalls eindringlich wirken und es leicht machen, sich in seine Situation hineinzuversetzen. An dieser Stelle kann sogar der Eindruck

(Fortsetzung auf Seite 10)

entstehen, der Fan sei die Hauptfigur der Geschichte, aber Überschrift, Anfang und Ende machen deutlich, dass die Schauspielerin die Hauptfigur ist.
Über das wirkliche Leben der Schauspielerin erfährt man nur, dass sie im Bett frühstückt, raucht und bei ihrer morgendlichen Tasse Kaffee im Bett ihre Post liest. Als sie den Fanbrief des jungen Mannes entdeckt, scheint sie neugierig und gespannt auf den Inhalt zu sein. Nachdem sie ihn gelesen hat, vergisst sie ihn jedoch sofort und denkt an ihre alltäglichen Besorgungen.
Vielleicht hat sich die Schauspielerin an einigen Stellen über die begeisterte Beschreibung ihres Lebens durch den Fan gefreut, aber am Ende hat sie in dem Brief anscheinend nichts für sie Wichtiges entdeckt, vergisst ihn sofort und verwendet ein Stück des Papiers als Notizzettel. Dadurch wirkt die Schauspielerin auf den ersten Blick gefühlskalt, aber vielleicht ist sie als private Person ganz einfach anders, als die Fans sich das vorstellen, und kann deshalb mit solchen Briefen nichts anfangen.
Zusammenfassend ist festzuhalten, dass die Vorstellungen des Fans vom Leben der Schauspielerin höchstwahrscheinlich nicht mit der Realität übereinstimmen. Sie empfindet ihr Leben möglicherweise nicht als so glanzvoll, wie er es beschreibt. Seine Beschreibung ihres Lebens passt zwar zu dem kurzen Moment am Anfang der Geschichte, in dem sie morgens im Bett mit den aufgetürmten Kissen ihren Kaffee aus einer Tasse mit Goldrand trinkt. Aber der Einkaufszettel, den die Schauspielerin am Ende auf einen Fetzen des Briefes schreibt, zeigt, dass ihr Leben auch von ganz alltäglichen Dingen bestimmt wird.

Seite 39

9 **c.** Der junge Mann hat jede Textstelle gelesen, die über die Schauspielerin erschienen ist. Er kennt ihre Zigarettenmarke und ihre Wohnungseinrichtung. In seinem Kopf entsteht ein Bild von ihr, das „eine[r] wandelnde[n] Orchidee" (Z. 54) gleicht. Die Schauspielerin ist für ihn „erlesen, exotisch, einzigartig" (Z. 54 f.) für ihn. Auf mich wirkt diese Metapher jedoch ziemlich kitschig. Er stellt sich vor, ihr Leben bestehe aus Partys, täglichem Luxus und Komplimenten – eben nur aus den Sonnenseiten des Lebens.

Seite 40

2 Das Gedicht beschreibt teilweise übertriebene Wünsche für ein ideales Leben. Die angesprochene Person wird am Ende des Gedichts darüber belehrt, dass uns Menschen immer irgendetwas fehlt oder stört und ein perfektes Leben selten ist.

3 Ich soll das Gedicht „Das Ideal" interpretieren. Dabei soll ich den Inhalt, die Merkmale und die verwendeten Stilmittel beschreiben. Außerdem soll ich die Wirkung von Form und Sprache auf die Aussage beschreiben.

Seite 41

1 **b.** Ein Ideal ist etwas Vollkommenes oder Perfektes.

2 **c.** die Friedrichstraße – ✕ Straße in Berlin,
Moneten – ✕ Geld,
der Fächer – ✕ ein Gerät zum Fächeln von Luft

3

Dinge und Tiere	Personen
Villa mit Terrasse; Aussicht auf die Ostsee, die Friedrichstraße und die Zugspitze; viele Zimmer, Dachgarten, Bibliothek, Pferde, Autos, Motorrad, Geld, Schmuck	Dienerschaft, süße und rassige Frau, Reservefrau fürs Wochenende, famose Kinder

Tätigkeiten	ideelle Werte
Reiten, Auto und Motorrad fahren, Jagen, Essen, Wein trinken, Reisen	Bescheidenheit, Einsamkeit, Fröhlichkeit, ewige Gesundheit

4 Für ein vollkommenes Glück fehlt einem oft entweder das Geld oder der richtige Partner oder es stört irgendeine Kleinigkeit.

5 Das Gedicht steht hauptsächlich in der Du-Form. In Zeile 20 taucht einmal die Ich-Form und am Ende auch zweimal die Wir-Form (Z. 36, 40) auf. Der lyrische Sprecher spricht alle an und schließt sich durch die Ich-Form und die Wir-Form selbst mit ein.

6 Der erste Teil beschreibt in den Zeilen 1–28 die Wünsche für ein ideales Leben. Im zweiten Teil von Zeile 29–42 wird festgestellt, dass fast jedes Glück Mängel hat und selten perfekt ist.

7 **a.** Das Gedicht „Das Ideal" von Kurt Tucholsky beschreibt in einem ersten Teil Wünsche für ein perfektes Leben. Unter den Wünschen sind zum Beispiel eine übertrieben gut gelegene Villa (vorne die Ostsee, hinten die Friedrichstraße in Berlin), Dienerschaft, Frau (und Reservefrau), Pferde, Autos, Essen, viel Geld, Reisen, Kinder und ewige Gesundheit. Der zweite Teil des Gedichts belehrt darüber, dass es das perfekte Glück eigentlich nie gibt und es selten ist, dass jemand alles hat.

b. Das Gedicht beschreibt im ersten Teil ein Leben, das sich viele Menschen als ideal vorstellen. Dieses „Ideal" wird aber im zweiten Teil widerlegt. Das Gedicht macht deutlich, dass „das Ideal" aus der Überschrift nur selten erreicht wird.

Seite 42

9 und **10** *siehe Lösung zu Aufgabe 13*

11 **Umgangssprache und Dialekt,** z. B.: „Ja, das möchste" (Z. 1, 28), „sehn" (Z. 5), „hast dus nicht weit" (Z. 6), „wo die Eichen drauf stehn" (Z. 9), „eine fürs Wochenende" (Z. 13), „alles lenkste" (Z. 17), „pöapö" (Z. 31), „dann fehln dir die Moneten" (Z. 34)
Wirkung: Durch die Umgangssprache kann man sich in die Situation leicht hineinversetzen.

Übertreibung, z. B.: „Eine Villa im Grünen .../vorn die Ostsee, hinten die Friedrichstraße;/" (Z. 2–5), „Neun Zimmer ..." (Z. 8), „Ein Dachgarten ..." (Z. 9), „Zwei Ponies, vier Vollbluthengste, acht Autos" (Z. 16–17), „Und noch ne Million und noch ne Million" (Z. 25)
Wirkung: Durch die Übertreibungen wirken die Wünsche nicht ernst (naiv) und als Leser möchte man sich davon distanzieren.

Wiederholung, z. B.: „ja" – Z. 1, 18, 20, 28; „und" – Z. 11, 13, 14, 15, 19, 20, 23–28; „hast du" und „dann" – Z. 33–35; „bald fehlt uns" – Z. 36 – **Wirkung:** Im ersten Teil vermitteln die Wiederholungen der Wörter „ja" und „und" den Eindruck, dass hier jemand viele Wünsche ausspricht (die Wünsche werden mit „und" sozusagen „addiert"), ohne viel nachzudenken. Im zweiten Teil unterstreichen die Wiederholungen, dass immer der eine oder andere Teil zum Glück fehlt.

Z **12** *So könntest du die Überschrift mit dem Inhalt und der Form des Gedichts verglichen haben:*
Das Gedicht widerlegt die Überschrift „Das Ideal", indem es zeigt, dass viele Wünsche für ein perfektes Leben übertrieben sind und außerdem sowieso nur in den seltensten Fällen alle Wünsche in Erfüllung gehen.
Dazu passt die Form des Gedichts, die auch nicht „ideal" ist, denn die Strophen und Verse sind unregelmäßig.

13 *So könnte deine Gedichtinterpretation aussehen:*
In dem Gedicht „Das Ideal" von Kurt Tucholsky aus dem Jahr 1927 geht es darum, dass viele Wunschvorstellungen von einem perfekten Leben übertrieben sind und ein perfektes Leben sowieso sehr selten ist.
Man kann das Gedicht in zwei Teile gliedern. Im ersten Teil werden teilweise übertriebene Wünsche für ein ideales Leben beschrieben. Wenn im siebten Vers diese Wünsche als „schlicht" und „voller Bescheidenheit" bezeichnet werden, hat das eine ironische Wirkung. Diese Wirkung wird dadurch verstärkt, dass der siebte Vers trotz seines Reims mit Vers 6 einzeln steht. Der zweite Teil beginnt in Zeile 29 und weist darauf hin, dass jedes Glück Mängel hat. Irgendetwas stört uns Menschen immer. Die Strophen und die Verse des Gedichts sind unregelmäßig und unterschiedlich lang. Einige Verse sind eingerückt, so zum Beispiel der Vers „Ja, das möchste" in Zeile 1, der in Zeile 28 wiederholt wird. Die Unregelmäßigkeit der Strophen und Verse unterstützt die Aussage, dass Ideale selten erreicht werden. Durch den Paarreim bleibt aber der Charakter eines Gedichtes deutlich gewahrt. Weil in dem Gedicht viel Umgangssprache und Dialekt vorkommt, wie in den Zeilen 1 und 28 „Ja, das möchste" oder in Zeile 25 „Und noch ne Million und noch ne Million", können sich die Leserinnen und Leser leicht in die Situation des Wünschenden hineinversetzen. Auf der anderen Seite gibt es viele Übertreibungen in dem Gedicht, wie zum Beispiel die Ausdehnung der Villa von der Ostsee bis zur Friedrichstraße (Z. 2–6). Weitere Beispiele finden sich in den Zeilen 8–10 und 16–17. Diese Übertreibungen vermitteln eher eine ironische Distanz zu den Wünschen. Durch die Wiederholung der Wörter „ja" (Z. 1, 18, 20, 28) und besonders häufig „und" (Z. 11, 13–15, 19–20, 23–28) wirkt der erste Teil des Gedichtes ganz natürlich so, als ob die Wünsche spontan aufgezählt werden. Im zweiten Teil des Gedichts erzeugen die Wiederholungen eine humorvolle Wirkung, mit der die Enttäuschung durch die Belehrung (dass das Leben selten ideal ist) abgemildert wird.
Das Gedicht „Das Ideal" macht sich auf humorvolle Weise über typische Vorstellungen von einem perfekten Leben lustig. Menschen, die ernsthaft alles haben wollen, werden mit diesem Gedicht lächerlich gemacht. Menschen, die sich eher im zweiten Teil des Gedichts wiedererkennen und die wissen, dass sie nie alles haben werden, werden dagegen getröstet. Es ist wichtig, dass man mit seinem Leben zufrieden ist und nicht von unerreichbaren Idealen träumt.

Seite 43

2 In dem Gedicht geht es um Dinge, die einem Menschen Freude bereiten. Die aufgezählten Dinge und Tätigkeiten sind fast alle einfach und alltäglich – die meisten Menschen könnten sie haben.

3 *So könnte deine Gedichtinterpretation aussehen:*
In dem Gedicht „Vergnügungen" von Bertolt Brecht aus dem Jahre 1954 geht es um alltägliche Freuden.
Ein lyrischer Sprecher ist nicht direkt zu erkennen. Das ganze Gedicht besteht aus einer Aufzählung von alltäglichen Dingen und Tätigkeiten, die einem Menschen Vergnügen bereiten können. Darunter sind Dinge und Tiere, Personen, Tätigkeiten und ideelle Werte. Es gibt nur eine Strophe mit meist sehr kurzen Versen. Es ist kein Reimschema vorhanden. Das Gedicht besteht fast nur aus Nomen und Nominalisierungen, die nicht durch Sätze verbunden sind. Auch Satzzeichen fehlen bis auf drei Kommas. Dadurch stehen die Dinge und Tätigkeiten jeweils für sich allein und wirken alle gleichwertig. Die Wiederholung des Buchstabens „D" am Zeilenanfang in den Zeilen 1–2 und 5–8 unterstreicht diese Wirkung, denn in diesen Zeilen werden sehr unterschiedliche Dinge genannt, wie zum Beispiel „Der Hund" und „Die Dialektik", die hier dennoch gleichberechtigt untereinanderstehen. Weil es keine Sätze gibt und auch genaue Beschreibungen der Dinge durch zum Beispiel Adjektive fehlen, kann sich jede Leserin und jeder Leser alle Dinge selbst entsprechend den eigenen Erfahrungen vorstellen.

Hervorgehoben durch ihre Stellung in der ersten und letzten Zeile sind „Der erste Blick aus dem Fenster am Morgen" und das „Freundlich sein". Es wirkt so, als seien diese beiden Dinge besonders wichtige Vergnügungen.

Das Gedicht „Vergnügungen" von Bertolt Brecht zeigt, dass man sich an unterschiedlichen und einfachen Dingen erfreuen kann. Ich finde diesen Gedanken wichtig, denn viele von diesen einfachen Dingen sind immer da, ohne dass man sie zum Beispiel kaufen muss. Aber dieser Gedanke ist natürlich eher typisch für einen Menschen mit Lebenserfahrung. Brecht war bereits über fünfzig Jahre alt, als er das Gedicht schrieb.

5 **a.**

	K. Tucholsky „Das Ideal"	**B. Brecht „Vergnügungen"**
Inhalt	übertriebene Wünsche für das Leben und die Lehre, dass sie selten alle erfüllt werden	alltägliche Dinge, die einem Freude bereiten
Form (Strophen, Verse, Reime, Metrum)	unregelmäßige Strophen und Verse, Paarreim, zwei deutlich erkennbare Teile	nur eine Strophe, unregelmäßige Verse, kein Reim
Stilmittel	Umgangssprache und Dialekt, Wiederholung, Übertreibung	Aufzählung, keine Satzzeichen, gleiche Buchstaben am Zeilenanfang

b. Die beiden Gedichte haben ein ähnliches Thema, auch wenn das auf den ersten Blick nicht zu erkennen ist. Es geht in beiden Gedichten um Vorstellungen von einem guten Leben. In dem Gedicht von Tucholsky werden übertriebene Wünsche auf ironische Weise lächerlich gemacht und festgestellt, dass es der Normalfall ist, wenn ein Stück zum Glück fehlt. In dem Gedicht von Brecht werden einfache Dinge und Tätigkeiten aufgezählt, die einem Menschen Vergnügen bereiten können. Wenn man beide Gedicht nebeneinanderlegt, kann einem der Gedanke kommen, dass vielleicht ein Leben ohne große Wünsche, aber mit guten Dingen und zum Beispiel Freundlichkeit, beinahe „ideal" ist.

Seite 44

1 *Diese Möglichkeiten könntest du aufgeschrieben haben:*
Bundesagentur für Arbeit, Jobbörse

2 *Diese Vorschläge könntest du aufgeschrieben haben:*
im Internet recherchieren, die Eltern fragen, in der Schule nachfragen

3 Mark Schlosser 10.05.2011
Schlossstraße 135
60468 Frankfurt

Bundesagentur für Arbeit
Regensburger Straße 104
90478 Nürnberg

Bestellung des Lexikons der Ausbildungsberufe

zu Seite 44

4 Ihr Schreiben vom 12.03.2011, Unser Telefonat vom 15.02.2011, Bestellung des Lexikons der Ausbildungsberufe, Zimmerbuchung

5 **Anrede**: Sehr geehrte Damen und Herren
Grußformel: Mit freundlichen Grüßen

Seite 45

6 Angaben zur eigenen Person, Grund des Briefes, Bestellungswunsch

8 Absenderadresse unvollständig, Empfängeradresse unvollständig, unklare Betreffzeile, unpassende Anrede, Grußformel fehlt

9 *Diese Information solltest du durchgestrichen haben:*
~~Ich habe im Jahr 2011 ein Praktikum in einem Pflegeheim absolviert und viel dabei gelernt.~~ ~~Bewerbungen an verschiedene Pflegeheime habe ich schon geschrieben.~~ ~~Meine Eltern arbeiten als Bäckerin bei der Bäckerei Anders und Maschinenbauer bei Metall Meier in Neustadt.~~

10 Jens Müller 20.03.2012
Burgstraße 134
60468 Frankfurt

Bundesagentur für Arbeit
Regensburger Straße 104
90478 Nürnberg

Bestellung des Lexikons der Ausbildungsberufe 12/13

Sehr geehrte Damen und Herren,

ich bin Schüler der neunten Realschulklasse der Martin-von-Tours-Schule in Neustadt/Hessen und mache voraussichtlich im Sommer 2013 meinen Abschluss. Ich möchte mich über verschiedene Ausbildungsberufe und Berufsanforderungen im Bereich der Pflegeberufe informieren. Daher bestelle ich mit diesem Schreiben das Lexikon der Ausbildungsberufe, Ausgabe 12/13. Ich bedanke mich im Voraus für Ihre Bemühungen.

Mit freundlichen Grüßen

Jens Müller

Seite 46

2 b. **Sicherheit in Schwimmbädern** bedeutet, dass im Schwimmbad kein Unfall passiert, dass die Badegäste nicht bestohlen werden und auch nicht von anderen Badegästen belästigt werden.

Erteilung von Schwimmunterricht bedeutet, dass man Kindern oder Erwachsenen das Schwimmen mithilfe von geeigneten Methoden beibringt.

Überwachung von technischen Anlagen bedeutet, dass man die Anlagen regelmäßig kontrolliert und dafür sorgt, dass keine Geräte beschädigt werden oder ausfallen.

Reinigungs- und Desinfektionsarbeiten durchführen bedeutet, dafür zu sorgen, dass das Badewasser, die Gänge, Umkleiden und Flächen im Badebereich immer hygienisch sauber sind.

Mitwirkung bei Verwaltungsaufgaben und der Öffentlichkeitsarbeit bedeutet, z. B. Bestellungen, Abrechnungen oder Anfragen zu erledigen und bei Werbemaßnahmen der Einrichtung mitzuwirken.

Seite 47

3 **Wie lange dauert die Ausbildung?** – drei Jahre

Welche Aufgaben haben Fachangestellte für Bäderbetriebe? – Sicherheit im Schwimmbad, Schwimmunterricht, Überwachung technischer Anlagen, Reinigungs- und Desinfektionsarbeiten, Sport- und Spielgeräte pflegen, Sauberkeit und Sicherheit in Umkleidekabinen und Duschen, Verwaltungsaufgaben und Öffentlichkeitsarbeit

Wo findet die Ausbildung statt? – in Bäderbetrieben

Wo kann man als Fachangestellte für Bäderbetriebe arbeiten? – in Frei- und Hallenbädern, See- und Strandbädern, Meerwasser- und Wellenbädern oder Fitnesszentren, auch in Wellnesshotels, kommunalen Sportämtern oder medizinischen Badeeinrichtungen von Rehabilitationskliniken oder Altenheimen

Welche Ausbildungsbestimmungen gibt es? – anerkannter Ausbildungsberuf nach dem Berufsbildungsgesetz (BBiG), bundesweit geregelt

Wie viel verdient man während der Ausbildung? – Beispiel von 2011: im 1. Ausbildungsjahr 687 € pro Monat, im 2. Ausbildungsjahr 736 € pro Monat, im 3. Ausbildungsjahr 781 € pro Monat

4 **Das Berufsbild des oder der Fachangestellten für Bäderbetriebe**
Fachangestellte für Bäderbetriebe üben vielseitige Tätigkeiten aus, die meist mit einer großen Verantwortung für die Gesundheit und Sicherheit der Badegäste verbunden sind. Die Ausbildung dauert drei Jahre, wird in den Bäderbetrieben durchgeführt, unterliegt dem Berufsbildungsgesetz (BBiG) und ist bundesweit geregelt.
Zu den Aufgaben der Fachangestellten für Bäderbetriebe gehören so unterschiedliche Aufgaben wie Schwimmunterricht oder die Überwachung von technischen Anlagen. Dazu gehören zum Beispiel auch Reinigung und Pflege von Schwimmbecken, Räumlichkeiten, Sport- und Spielgeräten usw., aber auch Verwaltungsaufgaben und Öffentlichkeitsarbeit.
Ausgeübt wird der Beruf nicht nur in öffentlichen Bäderbetrieben, sondern auch in privaten Bädern, Fitnesszentren und Wellnesseinrichtungen. Auch in den kommunalen Sportämtern und in medizinischen Einrichtungen (Kliniken, Altenheimen) arbeiten Fachangestellte für Bäderbetriebe.
Die Vergütung während der Ausbildung betrug im Jahr 2011 im 1. Ausbildungsjahr 687 €, im 2. Ausbildungsjahr 736 € und im 3. Ausbildungsjahr 781 € pro Monat.

5 In jeder Berufsbeschreibung sollten Informationen zur Dauer, zum Ort und zu den Bestimmungen der Ausbildung sowie zu den Aufgaben oder Tätigkeiten, zu den Arbeitsmöglichkeiten und zum Verdienst der/des Auszubildenden enthalten sein.

Z **6** Im Berufsbildungsgesetz (BBiG) stehen Bestimmungen über die Berufsausbildung, die Berufsausbildungsvorbereitung, die Fortbildung sowie die berufliche Umschulung.

Quelle: Hier gibst du an, wo du die Informationen gefunden hast, z. B.: http://de.wikipedia.org/wiki/Berufsbildungsgesetz_%28Deutschland%29 (26.09.2011, 12:23).

Seite 48

2 Am 05. 05. 2011 von 8:00 bis 16:00 Uhr hatte ich meinen ersten Praktikumstag im Schwimmbad Mengsberg, an dem ich das Jugendschwimmabzeichen in Bronze abnahm und das Eltern-Kind-Schwimmen beaufsichtigte.

3 Morgens um 8:30 Uhr sperrte ich zuerst die Bahnen für das Jugendschwimmen ab. Danach holte ich die Stoppuhr und die Tauchringe aus dem Büro. Um 9:00 Uhr nahm ich die Namen der Kinder und ihre Geburtsjahre auf und fertigte Riegenkarten an. Im Anschluss ließ ich zuerst die Kinder hinter den Startblöcken sich aufstellen, dann ließ ich sie ihren Startsprung machen und auf Zeit schwimmen. Dabei musste ich die Kinder genau beobachten. Ihre Schwimmzeit trug ich dann in die Riegenkarten ein. Den ersten Tauchring warf ich um 9:40 Uhr ins Wasser und ließ die Kinder nacheinander danach tauchen. Danach brachte ich sie zum Umziehen und hatte die Aufsicht bis zu meiner Mittagspause um 12:00 Uhr. Nach einer Dreiviertelstunde Pause holte ich die Geräte für das Eltern-Kind-Schwimmen, das von 13:00 bis 14:00 Uhr stattfand. Die nächsten zwei Stunden bis zum Ende des ersten Praktikumstags hatte ich wieder die Aufsicht.

Seite 49

6 In dem Bericht gibt es mehrere wertende Aussagen. Der Bericht ist nicht im Präteritum geschrieben.
Es gibt mehrere unsachliche Aussagen. Der Bericht enthält Zeitangaben, aber die Reihenfolge stimmt teilweise nicht.
Die Sätze sind nicht abwechslungsreich geschrieben.

7 **Tagesbericht**
Am Montag, dem 02. 05. 2011, begann mein Praktikum im Hallenbad Mengsberg als „Fachangestellter für Bäderbetriebe“. Um 7:30 Uhr betrat ich mit dem Schwimmmeister Jochen Müller das Bad. Zuerst schalteten wir die Alarmanlage aus. Dann half ich dabei, die Filter der Filteranlage zu spülen. Ich musste dabei gut aufpassen, um später die Reihenfolge des Spülens zu beherrschen. Danach kontrollierten wir zusammen die Umkleidekabinen. Die Wasserqualität, die Wassertemperatur und der Chlorgehalt des Wassers wurden von uns im Anschluss kontrolliert und in den Tagesbericht des Schwimmbads eingetragen. Um 8:30 Uhr spritzte ich die Schwimmhalle mit Desinfektionsmittel aus. Eine halbe Stunde später, als die Schulen zum Schulschwimmen kamen, hatte ich Frühstückspause. Zwischen 10:00 und 12:30 Uhr hatte ich zusammen mit dem Schwimmmeister Aufsicht. Dabei unterhielt ich mich nett mit den Leuten. Um 13:00 Uhr endete mein Praktikumstag.

Seite 50

1 **a.** Ort und Datum, Absenderadresse mit Telefonnummer, Empfängeradresse, Betreffzeile, Anrede, Hauptteil, Grußformel, Unterschrift

Seite 51

2 **b.** Die Bewerberin wird wahrscheinlich zu keinem Gespräch eingeladen, weil einige Sätze schlecht oder unhöflich formuliert sind und außerdem wichtige Angaben fehlen.

3 unklare Betreffzeile, Nachname fehlt, Klassenstufe fehlt, Hinweis auf Anlagen fehlt

4 **b.** und **5**
So könntest du das Bewerbungsschreiben überarbeitet haben:
Bewerbung zur Ausbildung als Fachangestellte für Bäderbetriebe

Sehr geehrte Damen und Herren,

mein Name ist Petra Meier und ich gehe in die neunte Klasse der Martin-von-Tours-Schule. Im nächsten Jahr möchte ich meinen Realschulabschluss machen. Seit ich von der Bundesagentur für Arbeit einen Vortrag über den Beruf der/des Fachangestellten für Bäderbetriebe gehört habe, interessiere ich mich sehr für diesen Beruf. Deswegen würde ich mich gern um eine Stelle bei Ihnen bewerben. Ich kenne den Beruf schon gut, weil meine Mutter auch in einem Schwimmbad arbeitet. Außerdem schwimme ich in meiner Freizeit viel und denke, dass ich gut für den Beruf geeignet bin.

Ich würde mich freuen, wenn ich mich bei Ihnen in einem Bewerbungsgespräch vorstellen dürfte.

Mit freundlichen Grüßen

Petra Meier

Anlage: Lebenslauf

Seite 52

1 *In dieser Reihenfolge solltest du die Fachbegriffe zugeordnet haben:*
Der/die Ausbildende, der Ausbildungsbetrieb, der Ausbildungsberuf, der Betriebssitz, die Ausbildungsstätte, die Werktage, die Arbeitstage, die Vergütung, der Urlaubsanspruch, brutto, das Berufsausbildungsverhältnis, die Tarifverträge und Betriebsvereinbarungen, die Ausbildungsmaßnahmen

2 **a)** BäderBetriebe Frankfurt GmbH
b) 36 Monate
c) 01. 09. 2013
d) 9 Tage
e) 3 Monate
f) der Ausbildende, der/die Auszubildende und die gesetzlichen Vertreter des/der Auszubildenden
g) es gelten der TVAÖD und das BBiG

Seite 54

2 Ihre, Ihnen, Ihrem, Sie, Ihr

3 **Betreffzeile:** keine Zeichensetzung
Anrede: Komma am Ende
Grußformel: kein Komma

Seite 55

4 *Diese Fehler solltest du markiert und so korrigiert haben:*
Rechtschreibfehler: Ausbildungsplats – Ausbildungsplatz, gehrte – geehrte, Argentur – Agentur, ihnen – Ihnen, Bildungsabschlus – Bildungsabschluss, intensif – intensiv, Bürokaufmans – Bürokaufmanns, lezten – letzten, Vorstellunsgespräch – Vorstellungsgespräch
Zeichensetzungsfehler: Komma nach Anrede fehlt, Zeile 2: Komma vor Nebensatz fehlt, Zeile 6: Komma vor Relativsatz fehlt, Zeile 9: Komma vor Relativsatz fehlt, Punkt nach Grußformel muss entfernt werden

Z **7** Den ersten Satz nach der Anrede schreibt man am Anfang *klein*.

Seite 56

1

Fremdwörter mit y	Fremdwörter mit c	Fremdwörter mit ch
der Zylinder, groggy, der Dynamo, das Labyrinth, der Typ, die Pyramide, der Physiker, die Sympathie, das System, das Symbol, die City, der Rhythmus, die Party, die Story, der Pyjama, die Analyse, die Gymnastik, der Zyklus, zynisch, der Zyklon	die Creme, der Container, das Cockpit, clever, die City, der Campingplatz, der Carport, das Casting, der Cousin, die Chance	der Chor, die Chronik, die Cholera, der Charakter, das Chrom, das Chlor, die Chance, der Chef, die Chemie

Fremdwörter mit th	Fremdwörter mit ph	Fremdwörter mit rh
das Labyrinth, die Thermosflasche, die Sympathie, der Athlet, die Bibliothek, das Theater, das Thermometer, der Rhythmus, die Theke, die Apotheke, die Theorie, die Therme, die Methode, der Thron	der Prophet, die Atmosphäre, das Alphabet, die Physiker, die Phase, der Paragraph, die Katastrophe, die Strophe	das Rheuma, das Rhinozeros, der Rhythmus, die Rhetorik

Seite 57

2 groggy – angeschlagen, erschöpft;
der Prophet – Weissager, Seher, Mahner;
das Rheuma – Beschwerden am Bewegungsapparat;
das Labyrinth – ein Irrgarten;
die Chronik – geschichtliche Darstellung;
die Atmosphäre – Stimmung, Milieu, Umwelt;
die Sympathie – Zuneigung, Wohlgefallen;
die Cholera – eine schwere, übertragbare Krankheit;
der Rhythmus – taktmäßige Gliederung;
der Paragraph – ein Abschnitt;
die Rhetorik – die Redekunst;
der Zyklus – der Kreislauf;
zynisch – boshaft und verletzend;
der Zyklon – ein tropischer Wirbelsturm

3 *In dieser Reihenfolge solltest du den Erklärungen diese Fremdwörter zugeordnet haben:*
der Chor – die Pyramiden – die Katastrophe – das Labyrinth

4 *In dieser Reihenfolge solltest du den Erklärungen diese Fremdwörter zugeordnet haben:*
die Biographie – die These – die Phantasie

5 *Diese Wörter solltest du markiert haben:*
These – Athleten – Chirurgen – Rheuma – Rhythmus – Chance – Chemie – Apotheke – Trainingsmethoden – Thermometer – Bibliotheken – Katastrophe – Biographie – phantasiert

Z **7** **a.** die Babys / the babies, die Partys / the parties, die Citys / the cities, die Storys / the stories

b. Im Englischen wird der Plural von Wörtern auf -y mit -ies, im Deutschen auf -ys gebildet.

Seite 58

1 **a.** *In dieser Reihenfolge solltest du die Getrennt- und Zusammenschreibungen eingetragen haben:*
zusammen schreiben, zusammenschreiben; schiefgeht, schief geht; kalt stellen, kaltstellen; schlecht machen, schlechtmachen; gut machen, gutmachen; schönreden, schön reden; freisprechen, frei sprechen

2 **a.** jahrelang, freudestrahlend, hitzebeständig, berufstätig, angsterfüllt, butterweich

Seite 59

3 **a.** *Diese Wortgruppen solltest du markiert haben:*
Auto fahren, spazieren gehen, Tennis spielen, Fahrrad fahren, stecken bleiben, kennen lernen, Eis essen, sitzen bleiben, Angst haben, warten lassen

4 **Nomen + Verb:** das Autofahren, zum Tennisspielen, beim Fahrradfahren, vom Eisessen, das Angsthaben, beim Schlangestehen, vom Motorradfahren, zum Skilaufen, beim Maßhalten, das Feuerfangen, zum Handballspielen, vom Schlittschuhlaufen

Verb + Verb: beim Spazierengehen, das Steckenbleiben, zum Kennenlernen, vom Sitzenbleiben, das Wartenlassen, vom Stehenbleiben, beim Fallenlassen, das Liegenlassen, zum Lesenüben

6 Werte Gäste,
unser Sporthotel bietet Ihnen viele Möglichkeiten der Freizeitgestaltung. Auf dem See können Sie im Winter *Schlittschuh laufen*. Auf unserem Hausberg ist auch das *Skilaufen* möglich. Im Sommer lädt unser gepflegter Rasenplatz zum *Fußballspielen* ein und auf vier Sandplätzen können Sie *Tennis spielen*.

Seite 60

Nominalisierungen aus ...

1

Nomen + Verb	Verb + Verb	Adjektiv + Verb
das Autofahren, beim Radfahren, zum Angsthaben, das Feuerfangen, beim Maßhalten, zum Schlangestehen, das Stromsparen	beim Badengehen, zum Joggengehen, das Sitzenbleiben, beim Essengehen, zum Schreibenlernen, das Tanzenüben, beim Wanderngehen	zum Geradebiegen, das Neubearbeiten, beim Altwerden, zum Schnellfahren, das Auswendiglernen, beim Kleinschneiden, zum Sauberhalten

2 Beim *Autofahren* muss man sich permanent konzentrieren. Bei Regen habe ich zum *Badengehen* keine Lust. Im Straßenverkehr ist das *Schnellfahren* mit dem Rad gefährlich. Das *Auswendiglernen* macht mir keine Mühe. Das *Einkaufengehen* macht mir Spaß.

Seite 61

4 Rad fahren, das Radfahren, riskantes Fahren, das riskante Fahren, wir weinen, ihr Weinen, vom Singen, sie singen

5

Artikel + Verb	**Attribut + Verb**	**Präposition + Verb**	**Possessivpronomen + Verb**
das Fahren, das Wiedersehen	lautes Hupen, ausdauerndes Gehen	beim Autofahren, zum Einkaufen	ihr Wachsen, ihr Welken

Seite 62 – Das kann ich!

1 Bewerbungsschreiben müssen *fehlerlos* sein.

2 **Betreff:** Ausbildungsplatz als Altenpfleger
Anrede: Sehr geehrte Damen und Herren,
Grußformel: Mit freundlichen Grüßen

3 *Diese Fehler solltest du markiert und so korrigiert haben:*
Rechtschreibfehler: Reperaturen – Reparaturen, interesiere – interessiere, ihnen – Ihnen, das – dass, vorausichtlich – voraussichtlich, dem basteln – dem Basteln, Vorstellungsgesprech – Vorstellungsgespräch
Zeichensetzungsfehler: Komma nach Anrede fehlt, Zeile 5: Komma vor Relativsatz fehlt, Zeile 6: Komma vor Nebensatz fehlt, Zeile 8: Komma vor Relativsatz (nach „Hamm") fehlt, Ausrufezeichen nach Grußformel muss entfernt werden

5 Mit dem *Thermometer* bestimmt man die Temperatur.
In der *Bibliothek* kann man Bücher ausleihen.
Die Abschnitte eines Gedichts nennt man *Strophen*.
Die Lufthülle der Erde nennt man *Atmosphäre*.
Das Nashorn wird auch *Rhinozeros* genannt.
Ein schreckliches Unglück ist eine *Katastrophe*.

Das kann ich! – Auswertung	
29–40 Punkte	Du hast schon viel gelernt. Weiter so!
18–28 Punkte	Du kannst es sicher noch besser. Übe weiter.
0–17 Punkte	Arbeite die Seiten 54 bis 57 noch einmal durch.

Seite 63 – Das kann ich!

1 Aus den getrennt geschriebenen Wortgruppen Nomen + Verb und Verb + Verb werden *zusammengesetzte* Nomen. Die Wörter *das*, *zum*, *beim* und *vom* machen's.

2 In unserer Gesellschaft gewinnt die Geschwindigkeit der Fortbewegung eine immer größere Bedeutung. Sehr langsam ist das *Spazierengehen*. Etwas eiligere Zeitgenossen können mit dem *Fahrrad fahren*. Favorit ist nach wie vor das *Autofahren*, obwohl die Geduld dabei häufiger auf die Probe gestellt wird. Wer im Stau stehen muss, hört sich selbst manchmal fluchen: „Ach, wäre ich doch bloß mit dem *Zug gefahren* oder gar mit dem *Flugzeug geflogen*."

3 **a.** jahrelang, leiderfüllt, brühwarm, berufstätig, butterweich, bauchfrei

4 Verben werden nominalisiert und großgeschrieben, wenn ein *Artikel*, ein *Attribut*, eine (erweiterte) *Präposition* oder ein *Possessivpronomen* davorsteht.

5 Taifur konnte bereits früh *Fahrrad fahren*, nachdem sein *Laufen* eher spät einsetzte. Wenn er 18 ist, will er sofort *Auto fahren*, denn das lange *Stehen* im Bus findet er unbequem. Seine Eltern haben Sorge, dass er dann nicht mehr dazu kommt, sich zu *bewegen*. Und er hat sich reichliches *Essen* angewöhnt, was man ihm ansieht.

Das kann ich! – Auswertung	
22–30 Punkte	Du hast schon viel gelernt. Weiter so!
14–21 Punkte	Du kannst es sicher noch besser. Übe weiter.
0–13 Punkte	Arbeite die Seiten 58 bis 61 noch einmal durch.

Seite 64

1 Als das Praktikum begann, musste Farina morgens um 06:00 Uhr aufstehen.
Da der Wecker nicht klingelte, wachte sie zu spät auf.
Sie musste morgens, weil sie verschlafen hatte, dem Bus hinterherrennen.
Der erste Praktikumstag machte Irina Spaß, obwohl sie zu spät kam.
Irina will, wenn das Praktikum beendet ist, ihren Berufswunsch überdenken.

2 **Im Berufsinformationszentrum (BiZ)**
Weil die Schülerinnen und Schüler im 9. Schuljahr über ihre Zukunft entscheiden müssen, besucht die Klasse das BiZ. Dort informieren sich die Schüler, nachdem sie den Vortrag des Berufsberaters gehört haben, an verschiedenen Stationen. Nadine möchte weiter zur Schule gehen, denn sie hat in den Hauptfächern gute Noten. Max möchte, falls er den Zugang zur Klasse 10 nicht schafft, eine Ausbildung machen. Bevor er sich entscheidet, wartet er das nächste Zeugnis ab. Achmed ist Optimist. Er glaubt, dass ihm alle Türen offen stehen.

Seite 65

4 In unserer Stadt gibt es viele Sportstätten, die auf dem neuesten Stand sind.
Besonders modern ist das Fußballstadion, das sogar eine Rasenheizung hat.
Es gibt Sitzplätze, die überdacht sind, für etwa 40 000 Zuschauer.
Neben dem Stadion gibt es einen Parkplatz, der 4000 Pkws Platz bietet.
Eine Mehrzweckhalle, die 10 000 Zuschauer fasst, steht neben dem Stadion.

5 **Sehenswürdigkeiten**
Der Stadtführer erzählt einer Reisegruppe, die gerade angekommen ist: Meine Damen und Herren, wir stehen gerade vor dem historischen Rathaus, das in den Jahren 1613–1620 erbaut wurde. Beachten Sie bitte die Schnitzereien, die von einem alten Meister eingearbeitet wurden, an dieser Eichentür. Wir gehen nun weiter zu der Schule im Ortskern. Die Kinder, die aus reichen Bürgerfamilien kamen, wurden hier vor über 500 Jahren unterrichtet. Im Hintergrund befindet sich ein alter Brunnen, der im Original erhalten ist.

6 Dieser Weg, der in den Wald führt, ist viel älter als alle Straßen hier.
In dem Wald, der vor allem aus Kiefern besteht, steht eine sehr alte Eiche.
Die Bauern, die gegen den Fürsten aufstanden, trafen sich an dieser Eiche.
Auf der Plakette, die am Baum befestigt ist, stehen die Namen der Bauern.

Seite 66

7 Um pünktlich zum Vorstellungsgespräch zu gelangen, muss man rechtzeitig aufstehen.
Anstatt mit mir zu telefonieren, könntest du mir auch eine SMS senden.
Sie antwortete einfach, ohne gefragt worden zu sein.

8 Es gibt nichts Schöneres, als am Strand in der Sonne *zu liegen*. Sie ging nach Hause, ohne sich *umzudrehen*. Anstatt in Wolfsburg planmäßig *anzuhalten*, fuhr der Zug durch. Um sich in Englisch *fortzubilden*, besuchte sie einen Abendkurs. Ihr könnt jetzt nichts tun, außer das Ergebnis *abzuwarten*.

9 **a.** Er wollte zu Fuß gehen, anstatt den Bus zu nehmen. Sie schimpfte auf ihre Mitschüler, ohne sich hinterher zu entschuldigen. Wir benötigen viel Zeit, um die Klassenfahrt vorzubereiten.

b. Um sich für die Feier umzuziehen, ging er nach der Arbeit nach Hause. Anstatt auf den Preis zu achten, kaufte er sich das teuerste Handy. Ohne zu zögern, nahm sie den Heiratsantrag an.

Seite 67 – Das kann ich!

1 In einem **Satzgefüge** werden *Nebensätze* (NS) vom **Hauptsatz** (HS) durch *Komma* abgetrennt.
Relativsätze sind **Nebensätze, die sich** meist **auf ein vorangehendes Nomen** beziehen. Sie werden vom Hauptsatz durch ein **Komma** abgetrennt. *Infinitivsätze* enden auf einen **Infinitiv mit zu**. Infinitivsätze werden vom Hauptsatz durch ein **Komma** abgetrennt.

2 Weil heute Sonntag ist, haben die Geschäfte geschlossen. Kerstin hat morgens, obwohl sie zu spät aufstand, den Bus noch erwischt. Meine Eltern vermuten, dass ich mich nicht gut auf den Test vorbereitet habe. Es wurde, als die Sonne unterging, sehr rasch dunkel.

3 **A** Der Skispringer springt von der Schanze, die im letzten Jahr renoviert wurde. **B** Sein altes Fahrrad, das schon etwas rostig ist, nimmt Dirk für kurze Strecken. **C** Ich gehe mit unserem Hund spazieren, der ein Boxermischling ist. **D** Das Skateboard, das so bunt angemalt ist, gehört Petra. **E** Der Film, der in unserem Viertel gedreht wurde, läuft jetzt in den Kinos. **F** Die Klasse 9 b, die ihr Projekt vorgestellt hat, hat eine nette Klassenlehrerin.

4 **B** Für kurze Strecken nimmt Dirk sein altes Fahrrad, das schon etwas rostig ist. **D** Petra gehört das Skateboard, das so bunt angemalt ist. **E** In den Kinos läuft jetzt der Film, der in unserem Viertel gedreht wurde. **F** Eine nette Klassenlehrerin hat die Klasse 9 b, die ihr Projekt vorgestellt hat.

5 **Das Bewerbungsgespräch**
Eine direkte Einladung zu einem Bewerbungsgespräch ist besser, als vorher noch einen Eignungstest zu machen. Der Personalchef stellt den Bewerbern viele Fragen, um einen Eindruck von der Person zu gewinnen. Auf Fragen zum Interesse an dem Beruf sollte man vorbereitet sein, anstatt ein peinliches Schweigen zu riskieren. Ohne zu zögern, sollte man möglichst alle Fragen beantworten. Außer abzuwarten, kann man nach dem Gespräch wenig tun.

Das kann ich! – Auswertung	
37–50 Punkte	Du hast schon viel gelernt. Weiter so!
23–36 Punkte	Du kannst es sicher noch besser. Übe weiter.
0–22 Punkte	Arbeite die Seiten 64 bis 66 noch einmal durch.

Seite 68

1 *Diese Verben solltest du markiert und diese Zeitformen zugeordnet haben:*
1. Absatz: hört, denkt, hilft – Zeitform: Präsens
2. Absatz: war, kehrte, bestand, trugen – Zeitform: Präteritum

2 *In dieser Reihenfolge solltest du diese Zeitformen der Verben ergänzt haben:*
nutzten – konnten – hatten eingesetzt – hatten – kamen durch – hatten – stecken blieben – waren – anrempelten – durchkamen – schränkte ein – galten – hatte verzichtet – hatte empfunden

3 *So könntest du die Aussagen ergänzt haben:*
... es den beschriebenen Beruf heute nicht mehr gibt.
... vor den Ereignissen im Präteritum liegen (Vorvergangenheit).

Seite 69

1 **b. Präsens Passiv:** werden ersetzt, werden angeboten, wird gefertigt, werden recycelt
Präteritum Passiv: wurden hergestellt, wurden abgefüllt, wurden ermöglicht

2 *In dieser Reihenfolge solltest du diese Verbformen ergänzt haben:*
wurden entsorgt, gesammelt wurden, wurde entzogen, wurde geschädigt, getrennt, wiederaufbereitet werden, wird aufgebracht, wird erreicht, wird bezeichnet, wird geforscht, zerlegt, abgebaut werden können

Seite 70

2

Indikativ	Konjunktiv I	Konjunktiv II	„würde"-Form
ich bin	er sei	er wäre	er würde sein
sie geben	sie geben	sie gäben	sie würden geben
sie werden	sie werden	sie würden	sie würden werden
sie können	sie können	sie könnten	sie würden können
sie wünschen	sie wünschen	sie wünschten	sie würden wünschen
sie sind	sie seien	sie wären	sie würden sein
sie können	sie können	sie könnten	sie würden können
es wird	es werde	es würde	es würde werden
ich finde	ich finde	ich fände	ich würde finden
sie bringt	sie bringe	sie brächte	sie würde bringen

3 Der Direktor der Tell-Grundschule, Hans W., sagte, dass er auf alle Fälle für Zensuren sei, weil sie eine Orientierung und Einschätzung des Lernstandes geben würden. Rückstände würden damit frühzeitig erkannt. Nur so könnten dann auch Fördermaßnahmen ergriffen werden.
Der Lehrer der Friedberg-Grundschule, Lothar M., argumentierte, dass Kinder und Eltern sich Zensuren, vor allem aber gute Noten wünschten. Für viele Schüler seien Zensuren deshalb eher schädlich, weil sie auch entmutigen könnten. Denn das Lernen werde dann zum Wettkampf.
Die Schulsprecherin der Goethe-Oberschule, Sibel C., meint, dass sie die Benotung sinnvoll finde, weil sie sie dazu bringe, sich Mühe zu geben.

Seite 71 – Das kann ich!

1 *In dieser Reihenfolge solltest du diese Verbformen ergänzt haben:*
beschuldigt – schiebt – stammt – wanderten – übernachteten – wurde – führten – kam – musste – blieb – gelegt hatte – beschuldigte – getan hatte

2 *In dieser Reihenfolge solltest du diese Verbformen ergänzt haben:*
wurde abgefüllt – wurden abgepackt – wurden eingewickelt – wird eingesetzt – wurde (wird) herbeigeführt – wurden gekauft – wird gewünscht

3 **c.** Bettina W., Elternvertreterin, argumentiert, dass viele Eltern für Noten **seien**, weil die Kinder auch später in der Berufsausbildung bewertet **würden**. Die Schüler selbst **wollten** ja meistens Noten bekommen, weil sie ihnen bei der Selbsteinschätzung **helfen würden**. Natürlich **würden** sie auch die Gefahr **sehen**, dass Zensuren Misserfolge **verstärkten**, Lernen **sollte** ja nicht in erster Linie Wettkampf sein.

Das kann ich! – Auswertung	
29–40 Punkte	Du hast schon viel gelernt. Weiter so!
18–28 Punkte	Du kannst es sicher noch besser. Übe weiter.
0–17 Punkte	Arbeite die Seiten 68 bis 70 noch einmal durch.

Seite 72

1 **Warum wir ohne die Lüge verloren wären – Teil 1**
Wie oft haben Sie heute schon gelogen? Falls Sie nun „Kein einziges Mal" sagen, dann lügen Sie vermutlich schon. Es ist so unwahrscheinlich, weil Wissenschaftler von 200 Lügen pro Tag ausgehen. Wenn wir 16 Stunden täglich wach sind, würden wir 12,5-mal pro Stunde die Wahrheit verdrehen. Obwohl diese Zahlen etwas hoch erscheinen, sind sich alle einig: Wir lügen den lieben langen Tag, wenn wir es auch nicht zugeben.

2 In einem Nebensatz steht das Verb *am Ende*.

3 *In dieser Reihenfolge solltest du diese Konjunktionen ergänzt haben:*
damit – wenn – falls – obwohl – wenn – um

4 Wir lügen meistens, damit wir das Zusammenleben und -arbeiten erleichtern.
Oft ist Schwindeln eine Voraussetzung, um anderen näherzukommen.
Wenn wir ein Gespräch mit einem Fremden beginnen wollen, führt die Wahrheit nicht immer zum Ziel. Wir brauchen die Lüge, obwohl die einen schlechten Ruf hat.
Aber falls die Wahrheit ans Licht kommt, müssen wir ehrlich zugeben, gelogen zu haben.

Seite 73

5 **Fehler vermeiden im Vorstellungsgespräch**
Man kann es nicht oft genug betonen: Informieren Sie sich über den Betrieb, bevor Sie zum Vorstellungsgespräch gehen. Im Gespräch werden Sie, solange Sie nicht genau über den Betrieb informiert sind, kaum erfolgreich die Fragen zu Ihrer Motivation beantworten können. Sobald man Sie einlässt, begrüßen Sie Ihr Gegenüber mit einem kräftigen Händedruck. Sie sollten einen energischen Eindruck vermitteln – dazu zählt auch der Händedruck. Schauen Sie Ihrem Gesprächspartner in die Augen, während Sie mit ihm reden. Das vermittelt Selbstsicherheit und Offenheit.

6 **c.** Notieren Sie sich den Namen der Bezugsperson, ehe Sie aus dem Haus gehen.
Stellen Sie Ihr Handy aus, bevor Sie den Betrieb betreten.
Übertreiben Sie nicht, während Sie Ihre eigenen Fähigkeiten vorstellen.
Werden Sie nicht unfreundlich, sobald Ihnen kritische Fragen gestellt werden.
Reden Sie nur Hochdeutsch, solange das Gespräch nicht beendet ist.

7 **b.** Er meldete sich bei mir, nachdem er meine Bewerbung erhalten hatte.
Nachdem wir das Gespräch beendet hatten, begleitete mich Herr Zenker zum Ausgang.
Sie gewann wieder mehr Selbstsicherheit, nachdem sie den Raum verlassen hatte.
Nachdem sich alle Kandidaten vorgestellt hatten, mussten sie sich für einen Bewerber entscheiden.

8 Steht im Hauptsatz als Zeitform das *Präteritum*, dann folgt im Nebensatz mit „nachdem" das *Plusquamperfekt*.

Seite 74

1 Sibel sucht eine Ausbildung, *die* nicht zu lange dauert. Sie bewirbt sich in dem Betrieb, *den* sie vom Praktikum kennt. Einige ihrer Freunde, mit *denen* sie zur Schule geht, wollen studieren.
Morgen ist die Prüfung, auf *die* sie sich so lange vorbereitet hat. Robert wählt einen Beruf, bei *dem* er mit Menschen Umgang hat. Einige Mitschüler, *deren* Noten zu schlecht sind, wiederholen die Klasse.
Ihr Bruder, *dessen* Zeugnis sie kopieren soll, beginnt bald seine Ausbildung.

2 Hier ist das Formular, das wir ausfüllen sollen. Der Sachbearbeiter, mit dem ich gestern gesprochen habe, wollte mich gestern zurückrufen. Zeigst du mir den Brief, auf den du so lange gewartet hast? Hier ist die Antwort, bei der ich ein paar Sätze nicht verstehe. Kennst du den Betrieb, über den in der Zeitung berichtet wird? Der Ausbildungsleiter, dessen Namen ich vergessen habe, hat viel gefragt.

3 *So könntest du die Sätze ergänzt haben:*
Ich hätte gerne einen Beruf, bei dem ich mit Tieren arbeiten kann. Menschen, mit denen man Spaß haben kann, mag ich am liebsten. Ein Film, in dem es nur um Gewalt geht, interessiert mich nicht. Über Mitschüler, von denen man nie abschreiben darf, ärgere ich mich.

Seite 75 - Das kann ich!

1 Zwischen Hauptsatz und Nebensatz steht ein *Komma*. Im Nebensatz steht das Verb *am Ende*. Temporale Nebensätze werden z. B. durch die Konjunktionen *bevor*, *während*, *seit* und *sobald* eingeleitet. Wenn man die Konjunktion *nachdem* verwendet, stehen in Haupt- und Nebensatz unterschiedliche Zeitformen.

2 *In dieser Reihenfolge solltest du die Konjunktionen ergänzen:*
damit - wenn - solange - obwohl

3 **Als** er am Bahnhof ankam, fuhr sein Zug gerade ein. **Während** er nach Bonn fuhr, las er noch einmal die Unterlagen. In Bonn nahm er schnell den Bus, **weil** er wenig Zeit hatte. **Nachdem** er das Gespräch beendet hatte, kaufte er sich ein Sandwich. **Obwohl** er den ganzen Tag nichts gegessen hatte, hatte er keinen Hunger. **Wenn** er schnell nach Hause wollte, musste er jetzt zum Bahnhof. Er kehrte zum Bahnhof zurück, **damit** er den Zug um 17 Uhr bekam.

4 Der Zeitungsartikel, den du mir gegeben hast, ist schwer zu verstehen. Meine Freundin, der ich das Buch besorgt habe, hat sich noch nicht gemeldet. Der Personalchef, mit dem ich telefoniert habe, war sehr freundlich. Unsere Ausbildung ist ein Thema, über das wir uns ständig unterhalten. Ein alter Lehrer von meiner Schule, an dessen Namen ich mich nicht mehr erinnern konnte, hat mich auf der Straße erkannt und gegrüßt.

Das kann ich! - Auswertung	
29-40 Punkte	Du hast schon viel gelernt. Weiter so!
18-28 Punkte	Du kannst es sicher noch besser. Übe weiter.
0-17 Punkte	Arbeite die Seiten 72 bis 74 noch einmal durch.

Seite 76

1 Mich nervt, dass er ständig nörgelt. Mir ist nicht so wichtig, dass er pünktlich erscheint.
Kein Vertrauen verdient, wer betrügt. Dich interessiert wohl gar nicht, ob du vorwärtskommst!
Dass die Besucher so zahlreich erschienen, erfreute sie.

2 Es ist wichtig, den Energiebedarf zu senken.
In den nächsten Jahren wird es unterstützt, Wärmeverluste zu vermeiden.
Es wird mittlerweile staatlich gefördert, Hauswände zu dämmen.
Es wird dringend empfohlen, Thermofenster zu verwenden.

Seite 77

1 Hiermit teile ich Ihnen mit, dass ich nach Hannover umziehe.
Sie erkundigte sich, ob er zuverlässig sei. Sie hörte, dass er verspätet abgeflogen war. Er bezweifelte, ob sie ehrlich war.

2 Frau Zahn ärgert sich darüber, dass die Mieten steigen. Sie geht davon aus, dass sich die Miete um 25 Euro erhöht. Aber sie rechnet auch damit, dass ihr Gehalt sich erhöht. Und sie hofft darauf, dass die Fahrtkosten erstattet werden. Dann kann sie sich weiterhin darauf freuen, dass sie im Sommer verreist.

Seite 78

1 Bevor Sie das Gerät erstmalig benutzen, spülen Sie es gründlich aus. Nachdem Sie den Kalkfilter entfernt haben, spülen Sie ihn unter fließendem Wasser ab. Dadurch, dass Sie das Gerät vorsichtig säubern, schonen Sie die Oberfläche. Selbst wenn Sie das Gerät täglich gebrauchen, reicht eine Entkalkung im Rhythmus von drei Monaten aus.

2 Nehmen Sie das Gerät aus dem Sockel, bevor Sie den Wassertank befüllen. Dadurch, dass Sie auf die Taste neben dem Griff drücken, öffnet sich der Deckel. Wenn der Siedepunkt erreicht ist, schaltet sich das Gerät automatisch ab. Bevor Sie das Gerät reinigen, muss es von der Stromquelle getrennt werden. Das Gerät darf erst gereinigt werden, nachdem es vollständig abgekühlt ist. Dadurch, dass Sie es regelmäßig entkalken, verlängern Sie die Lebensdauer des Geräts.

Seite 79 - Das kann ich!

1 Es dauert eine Weile, einen Praktikumsplatz zu finden. Es hat mir Spaß gemacht, in der Gruppe gemeinsam zu arbeiten.
Es war unmöglich, die Maschine in der Bewegung zu stoppen.
Es war wichtig für mich, nach dem Lärm in der Pause auszuruhen.

2 Sehr geehrte Damen und Herren,
hiermit teile ich Ihnen mit, dass ich am 1. September nach Bremen umziehe. In diesem Zusammenhang kommt es dazu, dass ich aus meiner Wohnung in der Finkenstraße ausziehe. Deshalb bitte ich Sie darum, dass Sie mir die Endabrechnung an meine neue Adresse zusenden. Ich bitte Sie darum, dass Sie mir den Eingang meines Briefes bestätigen.
Mit freundlichen Grüßen
Susanne Blauberg

3 **Bedienungsanleitung: Elektrische Zahnbürste**
Bevor Sie das Gerät einschalten, halten Sie die Bürste an die Zähne. Wenn Sie das Gebiss reinigen, führen Sie die Bürste mit leichtem Druck über die Zähne. Nachdem Sie die Zahnpflege beendet haben, entfernen Sie den Bürstenkopf vom Gerät. Dadurch, dass Sie das Gerät auf dem Ladeteil aufbewahren, lädt sich der Akku immer wieder auf.

Das kann ich! - Auswertung	
29-40 Punkte	Du hast schon viel gelernt. Weiter so!
18-28 Punkte	Du kannst es sicher noch besser. Übe weiter.
0-17 Punkte	Arbeite die Seiten 76 bis 78 noch einmal durch.

Seite 80

1 ☒ **a)** Gliederung

2 **a)** ☒ trifft nicht zu
b) ☒ trifft zu
c) ☒ trifft nicht zu
d) ☒ trifft zu

3 Die Betreffzeile dient dazu, das Thema des Briefes so kurz wie möglich anzugeben.

Seite 81

1 und **2**
So könntest du diese Aufgaben gelöst haben:
Zuerst verschaffe ich mir einen Überblick, was ich leisten soll. Dazu überfliege ich die Materialien, den Schreibauftrag und die Einzelaufgaben.
Als Nächstes lese ich den Schreibauftrag genau, damit ich weiß, worauf ich beim Lesen der Materialien achten muss. Danach teile ich mir meine Bearbeitungszeit ein.
Nun lese ich die Materialien mithilfe des Textknackers in Ruhe durch.
Dann bearbeite ich die Einzelaufgaben. Aufgaben, die ich nicht verstehe oder die mir unlösbar scheinen, überspringe ich.
Sobald ich damit fertig bin, bearbeite ich meinen Schreibauftrag und nutze dafür Arbeitstechniken.
Das Ergebnis überarbeite ich und achte dabei auf Rechtschreibung, Grammatik und Stil.
Zum Schluss kontrolliere ich meine Lösungen zu den Einzelaufgaben und achte auf Flüchtigkeitsfehler.
Wenn ich am Ende Zeit übrig habe, bearbeite ich die zuvor ausgelassenen Aufgaben.

Seite 83

2 ☒ **a)** macht Leben auf unserem Planeten möglich

3 ☒ **c)** der Wasserdampf

4 ☒ **c)** ... 2,6 Grad Celsius ansteigen.

5 Die Temperatur auf der Erde hat sich im 20. Jahrhundert um 0,74 Grad Celsius erhöht.

6 **a)** ☒ trifft zu
b) ☒ trifft nicht zu
c) ☒ trifft nicht zu
d) ☒ trifft zu

Seite 84

7 Es ist schwierig, über den zukünftigen Temperaturanstieg präzise Aussagen zu machen, weil es zu viele variable (veränderliche) Klimafaktoren gibt.

8 Die Experten des Weltklimarates kommen zu der Prognose, dass die Erderwärmung bis zum Jahr 2100 um 2,6 Grad Celsius ansteigen wird. Es gibt optimistischere Schätzungen von 1,1 Grad Celsius Erderwärmung, aber auch pessimistischere von 6,6 Grad Celsius.

9 ☒ **d)** ... eine Kombination aus a) und b).

10 ☒ **c)** Der Zusammenhang zwischen Temperatur und CO_2-Gehalt der Luft.

11 **a)** ☒ trifft nicht zu
b) ☒ trifft zu
c) ☒ trifft nicht zu
d) ☒ trifft zu

12 ☒ **b)** ... um ein Schaubild mit Textinformationen.

13 ☒ **b)** Der erwärmte Boden gibt langwellige Wärmestrahlung an die Atmosphäre ab.

Seite 85

14 ☒ **c)** ... dass die langwellige Wärmestrahlung aus der Atmosphäre entweicht.

15 Kurzwellige Strahlen, die von der Sonne kommen, durchdringen die Atmosphäre mit den Treibhausgasen.

16 Langwellige Strahlen von der Erdoberfläche durchdringen die Atmosphäre mit den Treibhausgasen nicht und erwärmen die Atmosphäre dadurch.

17 Die Grafik zeigt, wie zum Beispiel durch Brände und Abgase CO_2 und Wasserdampf freigesetzt werden. Diese Treibhausgase verteilen sich dann in der Atmosphäre. Von der Sonne kommende kurzwellige Strahlen durchdringen die Atmosphäre mit den Treibhausgasen und werden vom Boden absorbiert. Vom Boden werden langwellige Wärmestrahlen abgegeben, welche die Atmosphäre mit den Treibhausgasen nicht durchdringen. Durch diese langwelligen Wärmestrahlen wird die Atmosphäre erwärmt.

18 **a)** ☒ trifft nicht zu
b) ☒ trifft zu
c) ☒ trifft zu
d) ☒ trifft nicht zu

19 **a)** ☒ trifft nicht zu
b) ☒ trifft nicht zu
c) ☒ trifft zu
d) ☒ trifft zu

20 *So könntest du deinen Arbeitsauftrag gelöst haben:*
Einerseits kann ich verstehen, warum die Schülerin diese Aussage macht, aber anderseits finde ich, dass wir uns mit dieser deprimierenden Schlussfolgerung nicht zufriedengeben dürfen. Es ist richtig, dass wir laut dem Sachtext „Die Zeit läuft davon – es wird heiß!“ in einem „Teufelskreis“ stecken: „je höher die Temperatur ansteigt, desto intensiver der durch Wolken ausgelöste Treibhauseffekt“ (Z. 28–30). Der Treibhauseffekt hat nicht nur negative Folgen, denn nur durch ihn bleibt „die Durchschnittstemperatur auf unserem Blauen Planeten [...] weitgehend konstant“ (Z. 14–15). Außerdem bestehen Treibhausgase zum größten Teil aus Wasserdampf und nicht aus CO_2. Trotzdem ist es wichtig zu wissen, dass „ein durch den erhöhten CO_2-Ausstoß bedingter Anstieg der Temperatur [...] den Prozess der Verdunstung“ (Z. 24–26) verstärkt. Der starke Temperaturanstieg in den letzten Jahrzehnten hängt in jedem Fall mit dem Anstieg des CO_2 in unserer Atmosphäre zusammen. Die „Erhöhung des CO_2-Ausstoßes in die Atmosphäre“ wird sogar als „der wichtigste Grund für die Klimaerwärmung gesehen“ (Z. 32–35). Wir können also doch etwas gegen die Erderwärmung tun. Wir Menschen tragen in großem Umfang zur Klimaerwärmung bei. Deshalb ist es wichtig, dass wir unsere Gewohnheiten ändern und zum Beispiel die Abgase aus Fabriken, Wohnhäusern und Autos reduzieren.

Zu Sachtexten schreiben (Leseverstehen) – Auswertung	
59–80 Punkte	Du hast schon viel gelernt. Weiter so!
37–58 Punkte	Du kannst es sicher noch besser. Übe weiter.
0–36 Punkte	Arbeite die Seiten 4 bis 29 noch einmal durch.

Seiten 86–88

Zu den Seiten 86–88 gibt es hier Lösungen zu zwei verschiedenen Ausgaben dieser Arbeitshefte. Wenn du die Ausgabe für Nordrhein-Westfalen verwendest, nutze die Lösungen ab Seite 21. Sie sind mit dem Hinweis „NRW-Ausgabe" gekennzeichnet. Hier folgen die Lösungen zu den Seiten 86–88 der **allgemeinen Ausgabe**.

Seite 87 allgemeine Ausgabe

2 **a)** ✕ trifft nicht zu
b) ✕ trifft nicht zu
c) ✕ trifft zu
d) ✕ trifft zu

3 **a)** ✕ trifft zu
b) ✕ trifft nicht zu
c) ✕ trifft zu
d) ✕ trifft zu

4 **a)** ✕ trifft zu
b) ✕ trifft nicht zu
c) ✕ trifft zu
d) ✕ trifft nicht zu

5 **Argumente für und gegen die Mülltrennung an der Schule**

Pro-Argumente	Kontra-Argumente
- getrennter Müll kann wiederverwertet werden - Vorbildfunktion der Schule für den Stadtteil - Bewusstsein für das Müllproblem wachhalten - viele bemühen sich dann, Müll zu vermeiden - erhebliche Einsparungen der Abfallgebühren	- Kosten der Behälter und der Sammelstelle - kann man sich nicht immer leisten - neue Abfallbehälter eventuell nicht angenommen - Abfallbehälter könnten für Entsorgung von Problemabfällen genutzt werden - könnten auch von schulfremden Personen genutzt werden

Seite 88 allgemeine Ausgabe

6 *So könntest du die Argumente nach ihrer Überzeugungskraft geordnet und begründet haben:*

Meine fünf Pro-Argumente:	Warum ist das Argument überzeugend?
1. - Bewusstsein für das Müllproblem wachhalten	- spricht alle an
2. - viele bemühen sich, Müll zu vermeiden	- können alle mithelfen
3. - getrennter Müll wird wiederverwertet	- positive Folge der Trennung wird bewusst
4. - erhebliche Einsparungen der Abfallgebühren	- Geld kann in Sinnvolleres investiert werden
5. - Vorbildfunktion für den Stadtteil	- Wirkung auch außerhalb der Schule

7 *Diese Beispiele könntest du aufgeschrieben haben:*

Nr.	Eigene Beispiele für die Pro-Argumente
2	- Verwendung von Stoffbeuteln anstelle von Plastiktüten - Kauf von Pfandflaschen
3	- aus alten Glasflaschen entstehen neue Glasflaschen - Plastik wird eingeschmolzen und zu neuen Plastikbehältern geformt
5	- in der Stadt werden auch mehr Sammelbehälter aufgestellt - stärkere Kontrollen

8 *Diese Argumente könntest du ausgewählt und so begründet haben:*

Drei Kontra-Argumente	Warum ist das Argument nicht überzeugend?
1. neue Abfallbehälter nicht angenommen	- zu pessimistisch
2. könnten auch von schulfremden Personen genutzt werden	- unwahrscheinlich / wäre das so schlimm?
3. Kosten der Behälter und der Sammelstelle	- dafür Einsparungen bei den Abfallgebühren

9 *Eines dieser Gegenargumente könntest du ausgewählt und so entkräftet haben:*

Nr.	Entkräftung der Gegenargumente
1	Es ist nicht aufwändiger, die neuen Abfallbehälter zu benutzen. Außerdem könnten regelmäßige Rückmeldungen über den Erfolg oder Misserfolg ein Ansporn sein.
2	Wichtig ist, dass möglichst viel Müll getrennt wird. Wenn die Bürger der Umgebung durch die Sammelstelle mehr Müll trennen, wäre das also auch ein Erfolg.
3	Langfristig rechnen sich die Kosten durch die Einsparungen bei den Abfallgebühren.

10 *So könntest du deinen Arbeitsauftrag gelöst haben:*

Sehr geehrte Damen und Herren,

wir, Schülerinnen und Schüler unserer Schule, sind zu der Auffassung gelangt, dass die Müllentsorgung an unserer Schule nicht ausreichend zu einem nachhaltigen Umgang mit Ressourcen und der Natur beiträgt und darum nicht zeitgemäß ist.
Wir bitten daher die Mitglieder des Schulausschusses, unseren Vorschlag für eine konsequente Abfalltrennung in der Schule anzunehmen und die Kosten für die Behälter und die Sammelstelle zu übernehmen.
Natürlich haben wir uns auch mit möglichen Einwänden gegen unseren Vorschlag auseinandergesetzt. So könnte beispielsweise die Sorge bestehen, dass die neuen Abfallbehälter nicht angenommen werden. Mülltrennung ist aber kinderleicht, wenn entsprechende Behälter zur Verfügung stehen. Vielleicht sollte es zusätzlich regelmäßige Rückmeldungen über den Erfolg der Mülltrennung geben, damit die Motivation erhalten bleibt. Weiterhin wurde eingewendet, dass die Behälter auch von schulfremden Personen genutzt werden könnten. Da im Hinblick auf die Umwelt sowieso möglichst viel Müll getrennt werden sollte, ist das wirklich kein überzeugendes Gegenargument. Natürlich entstehen am Anfang Kosten durch die getrennten Abfallbehälter und die Sammelstelle. Aber abgesehen davon, dass uns die Erhaltung der Umwelt diesen Preis wert sein müsste, sparen wir langfristig durch geringere Abfallentsorgungsgebühren sogar Kosten ein.
Wenn wir den Müll trennen würden, gäbe es zudem viele Vorteile für unsere Schule, für den Stadtteil und für die Natur. Erstens würden sich mehr Menschen bemühen, Müll zu vermeiden. So würden zum Beispiel Plastiktüten mehrfach verwendet oder gleich durch Stoffbeutel ersetzt. Für die Getränke würden nur noch Pfandflaschen verwendet werden. Ein weiteres Argument für die Mülltrennung ist, dass getrennter Müll zu großen Teilen wiederverwertet wird. So werden alte Glasflaschen zu neuen Glasflaschen und Plastikabfälle werden eingeschmolzen, um daraus neue Plastikbehälter zu formen. Außerdem wäre unsere Schule ein großes Vorbild für den gesamten Stadtteil. In der Stadt würden mit der Zeit sicherlich auch mehr Sammelbehälter aufgestellt und stärkere Kontrollen durchgeführt werden.
Wir Schülerinnen und Schüler hoffen sehr, dass unser Vorschlag, den Müll an unserer Schule besser zu trennen, vom Schulausschuss angenommen wird. Für unsere Schule und für unsere Umwelt bringt die Mülltrennung nur Vorteile. Deswegen hoffen wir, dass der Schulausschuss die Kosten dafür übernimmt.

Mit freundlichen Grüßen

die Schülerschaft

Schriftlich argumentieren – Auswertung	
51–70 Punkte	Du hast schon viel gelernt. Weiter so!
31–50 Punkte	Du kannst es sicher noch besser. Übe weiter.
0–30 Punkte	Arbeite die Seiten 22 bis 29 noch einmal durch.

Seiten 86–88 Ausgabe Nordrhein-Westfalen

Hier folgen die Lösungen zu den Seiten 86–88 der **Ausgabe Nordrhein-Westfalen**.
Die Lösungen für diese Seiten in der allgemeinen Ausgabe findest du auf Seite 20f.

Seite 87 NRW-Ausgabe

2 **NRW-Ausgabe**

- Ursachen für die Klimaerwärmung
- Auswirkungen der Klimaerwärmung auf die Erde
- Maßnahmen, die dagegen ergriffen werden können, was kann der Mensch tun

3 **NRW-Ausgabe**

Diese Überschrift könntest du geschrieben haben:
Durch Überflutung gefährdete Nordseeküste

Seite 88 NRW-Ausgabe

4 **NRW-Ausgabe**

M1	- Treibhauseffekt eigentlich positiv, aber durch den vom CO_2-Anstieg hervorgerufenen Temperaturanstieg zu sehr verstärkt, wird er zur Gefahr - durch erhöhten CO_2-Ausstoß Temperaturerhöhung, verstärkt den Prozess der Verdunstung und daher verdichtete Konzentration des Wasserdampfs in der Atmosphäre - wichtigster Grund für Klimaerwärmung: erhöhter CO_2-Ausstoß - im Laufe des 20. Jahrhunderts: Temperatur an der Erdoberfläche um 0,74 Grad Celsius erhöht - Schätzungen Erderwärmung bis zum Jahr 2100: 2,6 Grad Celsius, optimistischste Schätzung: 1,1 Grad Celsius, pessimistischste: 6,6 Grad Celsius
M2	- Zusammenhang von Temperatur- und CO_2-Anstieg - sehr hoher CO_2-Anstieg im letzten Jahrhundert - seit 1970 konstanter Temperaturanstieg
M3	- der Treibhauseffekt führt dazu, dass die Atmosphäre sich erwärmt - der Mensch kann den CO_2-Ausstoß aus Fabriken, Wohnhäusern und Autos reduzieren
M4	- Niederlande: Maßnahmen zum Schutz vor Hochwasser in Milliardenhöhe dringend nötig - Schutz vor dem Wasser, Erhöhung der Deiche, Verbreiterung des Küstenstreifens - Sicherheit und Nachhaltigkeit im Umgang mit dem Klimawandel - Folge der Klimaerwärmung: steigender Meeresspiegel und gleichzeitig absinkendes Bodenniveau, Ansteigen des Meeresspiegels um 1,30 m bis zum Jahr 2100 - Gefahr: Überschwemmung großer Teile der Niederlande
M5	- Gefahr der Überflutung der Gebiete an der Nordseeküste, die bis 2 m über dem Meeresspiegel liegen
M6	- als Folge der Klimaerwärmung schmilzt die 3 km dicke Eisschicht im Innern Grönlands - deshalb: Anstieg Meeresspiegel weltweit um ca. 7 m - dadurch Gefahr der Überflutung Schleswig-Holsteins, Teilen der niedersächsischen Nordseeküste, der Niederlande und von Teilen Bangladeshs

Seiten 86–88 Ausgabe Nordrhein-Westfalen

Hier stehen die Lösungen zu den Seiten 86–88 der **Ausgabe Nordrhein-Westfalen**. Die Lösungen für diese Seiten in der allgemeinen Ausgabe findest du auf Seite 20f.

5 NRW-Ausgabe

So könnte deine Gliederung aussehen:

Einleitung: Problem Klimaerwärmung
- obwohl Treibhauseffekt eigentlich positive Wirkung auf Atmosphäre, Klimaerwärmung mittlerweile zu großem Problem
- Auswirkungen so gefährlich, dass Maßnahmen getroffen werden müssen

Teil 1: Ursachen und Auswirkungen der Klimaerwärmung
- erhöhter CO_2-Ausstoß, Abgase aus Fabriken, Wohnhäusern und Autos
- durch höheren CO_2-Gehalt steigt die Temperatur, Verstärkung Prozess der Verdunstung, verdichtete Konzentration des Wasserdampfs in der Atmosphäre
- im Laufe des 20. Jahrhunderts: Temperatur an der Erdoberfläche um 0,74 Grad Celsius erhöht
- Temperaturanstieg bis 2100: ca. 2,6 Grad Celsius
- Eisschichten schmelzen
- Anstieg Meeresspiegel weltweit um etwa 7 m, Absinken des Bodenniveaus
- Überflutung Küstengebiete

Teil 2: Maßnahmen gegen die Klimaerwärmung
- Reduzierung CO_2-Ausstoß aus Fabriken, Wohnhäusern und Autos
- Schutz vor Hochwasser in den Niederlanden in Milliardenhöhe notwendig
- Schutz vor dem Wasser, Erhöhung der Deiche, Verbreiterung des Küstenstreifens

Schluss:
- große Gefahr Klimaerwärmung
- der Mensch muss handeln, Maßnahmen ergreifen, bevor zu spät

6 NRW-Ausgabe

Diese Überschrift könntest du aufgeschrieben haben:
Klimaerwärmung – handeln, bevor es zu spät ist

7 NRW-Ausgabe

So könnte dein informativer Text aussehen:

Klimaerwärmung – handeln, bevor es zu spät ist
Obwohl der Treibhauseffekt eine eigentlich positive Wirkung auf unsere Atmosphäre hat – ohne ihn wäre es viel zu kalt für menschliches Leben auf der Erde –, bringt er mittlerweile Gefahren mit sich. Das Leben auf unserem Planeten wird durch die Klimaerwärmung gefährdet. Es ist wichtig, über die Ursachen und Auswirkungen der Klimaerwärmung und über die Maßnahmen, die dagegen ergriffen werden können, Bescheid zu wissen.
Der wichtigste Grund für die Klimaerwärmung ist der erhöhte CO_2-Ausstoß in unsere Atmosphäre. Durch Abgase aus Fabriken, Wohnhäusern und Autos werden jeden Tag große Mengen von CO_2 in die Atmosphäre abgegeben. Im letzten Jahrhundert ist der Anteil von CO_2 in der Luft um etwa 100 ppm (Teilchen pro Millionen Luftteilchen) angestiegen. Und obwohl das CO_2 nur 12 Prozent der Treibhausgase ausmacht, ist es trotzdem der Grund für die negative Entwicklung des Treibhauseffektes, der letztendlich zur Klimaerwärmung führt. Grund dafür ist der Zusammenhang zwischen dem Temperaturanstieg und dem steigenden CO_2-Gehalt in der Atmosphäre. Durch höhere Temperaturen gibt es mehr Wasserdampf, der den größten Teil der Treibhausgase ausmacht. Die Wolken werden dadurch immer dichter und zusammen mit der ansteigenden Temperatur wird der Treibhauseffekt zu stark. Im Laufe des 20. Jahrhunderts hat sich die Temperatur bereits um 0,74 Grad Celsius erhöht. Schätzungen zufolge wird sie bis zum Jahr 2100 noch um etwa 2,6 Grad Celsius ansteigen. Durch diesen extremen Temperaturanstieg schmelzen Eisberge und Gletscher. Das führt dazu, dass der Meeresspiegel ansteigt. Zusammen mit einem absinkenden Bodenniveau, einer weiteren Auswirkung der Klimaerwärmung, droht die Gefahr von weltweiten Überflutungen. Im Innern Grönlands zum Beispiel droht die 3 Kilometer dicke Eisschicht zu schmelzen. Der Meeresspiegel würde dadurch um 7 Meter ansteigen. Regionen, die etwa 3 bis 5 Meter über dem Meeresspiegel liegen, würden komplett überflutet werden. Betroffen von dieser Überflutung wären Gebiete wie Schleswig-Holstein, die niedersächsische Nordseeküste, die Niederlande oder Bangladesh. Bis zum Jahr 2100 wird der Meeresspiegel Schätzungen zufolge um 1,30 Meter ansteigen. Die Gebiete an der Nordseeküste, die bis zu 2 Meter über dem Meeresspiegel liegen, sind weiterhin gefährdet, komplett überflutet zu werden.
Es ist nicht nur wichtig, dass der Mensch sich der vielen Gefahren der Klimaerwärmung bewusst wird, sondern auch, dass er etwas dagegen tut. Es gibt Maßnahmen, die ergriffen werden können. So ist es zum Beispiel wichtig, den CO_2-Ausstoß zu reduzieren. Der Mensch muss seine Gewohnheiten ändern und so die Abgase aus Fabriken, Wohnhäusern und Autos reduzieren. Außerdem ist es nötig, sich vor Hochwasser zu schützen. In den Niederlanden zum Beispiel werden Schutzmaßnahmen in Milliardenhöhe benötigt. Zum Schutz vor dem Wasser müssen die Deiche erhöht werden und der Küstenstreifen muss an manchen Stellen sogar um bis zu einen Kilometer verbreitert werden.
Alle diese Auswirkungen der Klimaerwärmung zeigen, wie gefährlich sie für das zukünftige Leben auf unserem Planeten ist. Die Temperatur wird weiter ansteigen, genau wie der Meeresspiegel. Es ist daher nicht nur wichtig, sich über die Klimaerwärmung zu informieren und sich der Gefahren bewusst zu werden, sondern es ist noch viel wichtiger zu handeln. Noch gibt es Möglichkeiten, noch gibt es Maßnahmen, die ergriffen werden können, um die Gefahren der Klimaerwärmung zu reduzieren. Es muss etwas getan werden, bevor es zu spät ist.

Quellen: Sachtext: „Die Zeit läuft davon – es wird heiß!“, Grafik: „Anstieg des CO_2 und der Temperatur“, Grafik: „Der Treibhauseffekt“, Greenpeace-Redaktion: „Grönland eisfrei – Holland verschwunden“, Grafik Material 6, Sachtext: „Jährliche Milliardeninvestitionen nötig“, Zeitungsartikel

Zu Sachtexten schreiben (Informierendes Schreiben) – Auswertung (NRW-Ausgabe)	
44–60 Punkte	Du hast schon viel gelernt. Weiter so!
27–43 Punkte	Du kannst es sicher noch besser. Übe weiter.
0–26 Punkte	Arbeite die Seiten 22 bis 29 noch einmal durch.

Die Lösungen zu den Seiten 91–93 gelten wieder für beide Ausgaben der Arbeitshefte:

Seite 91

2 a) ✕ trifft nicht zu
b) ✕ trifft zu
c) ✕ trifft zu
d) ✕ trifft nicht zu

3 a) ✕ trifft zu
b) ✕ trifft nicht zu
c) ✕ trifft nicht zu
d) ✕ trifft zu

4 Der junge Mann Alan Austen sucht einen alten Mann auf, der verschiedene Wundermittel verkauft. Er ist an einem Liebestrank interessiert. Ohne ein solches Wundermittel hat er anscheinend keine Aussicht, die Liebe einer Frau namens Diana zu gewinnen. Obwohl Austen einen Liebestrank haben möchte, erzählt der alte Mann ihm zunächst von einem spurlosen Gift für Morde, das 5000 Dollar kostet. Erst danach beschreibt er die nachhaltige Wirkung des Liebestranks, den er Austen für nur einen Dollar verkauft. Austen verabschiedet sich dankbar.

5 a) ✕ trifft zu
b) ✕ trifft nicht zu
c) ✕ trifft zu
d) ✕ trifft zu
e) ✕ trifft zu

6 Die Kurzgeschichte beginnt unvermittelt damit, dass Alan Austen eine dunkle knarrende Treppe hinaufsteigt (Z. 1–2).

Es wird kein alltägliches Geschehen beschrieben, denn das Kaufen und Verkaufen von Giften oder Liebestränken ist nicht alltäglich oder gewöhnlich („Stimmt es“, fragte Alan, „dass Sie ...“, Z. 13–14).

Die Kurzgeschichte handelt nur von einem kurzen Zeitabschnitt, denn es wird nur von dieser einen Begegnung und dem Gespräch der beiden Männer erzählt.

An der Handlung sind nur wenige Figuren beteiligt – Alan Austen (Z. 1) und der alte Mann (Z. 10).

Das Ende der Kurzgeschichte bleibt offen. Man erfährt, dass Alan den Liebestrank kauft, nicht aber, ob er bei Diana wirkt, und auch nicht, ob er später noch einmal zu dem alten Mann zurückkehrt, um das Gift zu kaufen.

Seite 92

7 Alan Austen ist ein junger Mann, der unglücklich in eine Frau namens Diana verliebt ist. Er leidet anscheinend darunter, dass diese Frau sehr lebenslustig ist („Wo sie doch so partysüchtig ist!“, Z. 60) und sich nicht für ihn interessiert („Nur liegt ihr nichts daran“, Z. 66). Die Wirkung des Liebestranks, die der alte Mann beschreibt, gefällt Alan. Demnach würde die Frau nur noch an ihn denken, ihn versorgen, sich um ihn sorgen und ihm notfalls alles verzeihen. So stellt sich Alan Liebe vor („Das nenne ich Liebe!“, Z. 73). Alans Begeisterung für das Wundermittel zeigt, dass er ein schwacher Mensch ist, der nicht auf die Wirkung seiner Persönlichkeit vertraut.

8 Diana ist eine lebenslustige Frau, die sich anscheinend nicht für Alans Gefühle interessiert.

9 Der alte Mann handelt mit seinen Wundermitteln in einem heruntergekommenen Haus in der Pell Street. Er verkauft jungen Leuten Liebestränke für einen Dollar und anderen ein tödliches Gift für 5000 Dollar. Zwischen den beiden Wundermitteln besteht vielleicht ein Zusammenhang, und es könnte sein, dass der alte Mann ein sehr kluger Geschäftsmann ist.

10 - Der alte Mann verkauft den Liebestrank für einen Dollar, weil er weiß, dass Leute, die so etwas brauchen, nicht viel Geld haben.
- Der Mann erzählt Austen von dem Gift, weil er davon ausgeht, dass sich die Liebe zu Diana eines Tages in Hass verwandeln wird. Austen weiß dann, dass er bei dem Mann das Gift kaufen kann, um sie umzubringen.
- Der alte Mann sagt „Auf Wiedersehen!“, weil er hofft, dass Austen irgendwann zurückkommen wird, um den „Lebensreiniger“ zu kaufen.

11 *So könntest du den ersten Teil des Arbeitsauftrags gelöst haben:*
In der Kurzgeschichte „Das Tränklein“ von John Collier geht es um den jungen Mann Alan Austen, der seine Traumfrau Diana durch einen Liebestrank an sich binden möchte.
Alan Austen sucht einen alten Mann auf, der verschiedene Wundermittel verkauft. Er möchte dort einen Liebestrank für Diana kaufen. Ohne ein solches Wundermittel hat er anscheinend keine Aussicht, die Liebe dieser Frau zu gewinnen. Obwohl Austen nur an dem Liebestrank interessiert ist, erzählt der alte Mann ihm von einem spurlosen Gift für Morde, das er als „Handschuhreiniger“ oder als „Lebensreiniger“ bezeichnet und das 5000 Dollar kostet. Erst danach beschreibt er die nachhaltige Wirkung des Liebestranks, den er Austen zum Schluss für nur einen Dollar verkauft. Austen verabschiedet sich dankbar.
Anhand der folgenden Merkmale wird deutlich, dass es sich bei Colliers Erzählung um eine Kurzgeschichte handelt. Der Text beginnt unvermittelt in dem Moment, als Austen die Treppe eines alten Hauses hochsteigt. Der Leser befindet sich mitten im Geschehen (Z. 1–2). Die Kurzgeschichte erzählt nur von dem kurzen Zeitabschnitt, denn es wird nur von dieser einen Begegnung und dem Gespräch der beiden Männer erzählt. An der Handlung sind nur wenige Figuren beteiligt – Alan Austen (Z. 1) und der alte Mann (Z. 10). Das Ende der Kurzgeschichte bleibt offen. Man erfährt, dass Alan den Liebestrank kauft, nicht aber, ob er bei Diana wirkt, und auch nicht, ob er später noch einmal zu dem alten Mann zurückkehrt, um das Gift zu kaufen.
Die Hauptfigur der Geschichte, Alan Austen, ist ein junger Mann, der unglücklich in eine Frau namens Diana verliebt ist. Er leidet anscheinend darunter, dass diese Frau sehr lebenslustig ist („Wo sie doch so partysüchtig ist!“, Z. 60) und sich nicht für ihn interessiert („Nur liegt ihr nichts daran“, Z. 66). Die Wirkung des Liebestranks, die der alte Mann beschreibt, gefällt Alan. Demnach würde die Frau nur noch an ihn denken, ihn versorgen, sich um ihn sorgen und ihm notfalls alles verzeihen. So stellt sich Alan Liebe vor („Das nenne ich Liebe!“, Z. 73). Alans Begeisterung für das Wundermittel zeigt, dass er ein schwacher Mensch ist, der nicht auf die Wirkung seiner Persönlichkeit vertraut.
Die zweite Figur, der alte Mann, handelt mit seinen Wundermitteln in einem heruntergekommenen Haus in der Pell Street. Er verkauft jungen Leuten Liebestränke für einen Dollar und anderen ein tödliches Gift für 5000 Dollar. Zwischen den beiden Wundermitteln besteht vielleicht ein Zusammenhang, und es könnte sein, dass der alte Mann ein sehr kluger Geschäftsmann ist.

(Fortsetzung auf Seite 24)

zu Seite 92

Da das Ende der Geschichte offen ist, kann nur vermutet werden, was später passieren wird. Wenn das „Tränklein" tatsächlich so „nachhaltig" (Z. 48) wirkt, wie der alte Mann es beschreibt, wird Alan Austen vermutlich eines Tages von der unbedingten Liebe seiner Diana zu viel haben. Und der alte Mann erklärt, dass sich eine durch den Liebestrank gewonnene Frau niemals freiwillig von ihrem Partner scheiden lassen wird (Z. 87). Es scheint möglich, dass Alan Austen dann wieder zu dem alten Mann gehen wird, um das Gift für 5000 Dollar zu kaufen. Ganz offensichtlich ist es das, worauf der alte Mann spekuliert, wenn er Liebestränke für einen Dollar verkauft. Er geht davon aus, dass seine Kunden wiederkommen (Z. 99–101), und darum verabschiedet er sich auch mit „Au revoir" (das heißt: „Auf Wiedersehen", Z. 103).

12 **a.** Mit „sie" meint der alte Mann seine Kunden, also die Leute, die meinen, dass sie durch seine Wundermittel glücklicher werden können.

b. Mit den „teurere(n) Sachen" meint er das Gift, das er „Handschuhreiniger" oder „Lebensreiniger" nennt.

13 *So könnte deine Stellungnahme aussehen:*
Durch die Aussage „Dann kommen sie später im Leben, wenn sie bessergestellt sind, wieder und verlangen teurere Sachen" (Z. 99–101) wird nicht nur die Verkaufsstrategie, sondern auch die Menschenkenntnis des alten Mannes deutlich. Er kennt seine Kunden gut und weiß, dass junge verliebte Menschen wie Alan Austen sich eine unbedingte Liebe wünschen, aber keine Vorstellung davon haben, zu welcher Plage so eine Liebe werden kann. Alan Austen wird vielleicht schon bald nicht mehr verliebt sein, sondern gelangweilt und widerwillig. Seine Partnerin wird aber durch den Liebestrank von ihm besessen sein und keinerlei Anstalten machen, ihn loszulassen. Aus der Sicht des alten Mannes spricht vieles dafür, dass Alan Austen eines Tages den Wunsch haben wird, Diana zu töten. Wenn es so weit ist, weiß Alan genau, wo er das nötige Gift dazu bekommt. Diese Erkenntnis nutzt der alte Mann aus und verkauft sein Gift zu einem sehr hohen Preis. Natürlich wirkt diese Verkaufsstrategie skrupellos, aber gleichzeitig kann man sich ein Gefühl der Schadenfreude kaum verkneifen. Es ist so, als würde der alte Mann seine Kunden dafür bestrafen, dass ihre Liebe so besitzergreifend ist. Da Alan Austen diese Strategie nicht durchschaut, ist er selbst schuld, wenn er sich durch den Liebestrank unglücklich macht und vielleicht eines Tages zum Mörder wird.
Diese Kurzgeschichte regt dazu an, allgemein verbreitete Vorstellungen von Liebe infrage zu stellen.

Eine Kurzgeschichte interpretieren – Auswertung	
58–80 Punkte	Du hast schon viel gelernt. Weiter so!
36–57 Punkte	Du kannst es sicher noch besser. Übe weiter.
0–35 Punkte	Arbeite die Seiten 30 bis 39 noch einmal durch.

Seite 93

2 *So könntest du den Sachtext stilistisch überarbeitet haben:*
Der Regenwald
Der Regenwald heißt so, weil es viel regnet. Den Aufbau des Regenwaldes kann man mit einem Haus vergleichen.
Das Dachgeschoss besteht aus 40 bis 50 Meter hohen Bäumen, deren Kronen eine geschlossene Decke bilden. Nur sehr wenig Sonnenlicht durchdringt dieses Dachgeschoss. Bis zu 80 Meter hohe Bäume, die Überständer heißen, ragen über das Dachgeschoss hinaus.
Ein dämmeriges Licht herrscht im Mittelgeschoss, das aus jungen Bäumen und Sträuchern besteht.
Im Erdgeschoss wachsen Moose, Farne und Pilze. Unter der dünnen Humusschicht stößt man schon nach wenigen Zentimetern auf Sand und Lehm.
Obwohl der Regenwald sehr fruchtbar ist, ist der Boden auf Dauer für Landwirtschaft nicht geeignet.

3 *So könntest du den Text stilistisch überarbeitet haben:*
In dem Fanbrief beschreibt der junge Mann seinen Eindruck, dass das Leben der Schauspielerin aus ganz besonderen Ereignissen und Luxus besteht. Er nennt sie „eine wandelnde Orchidee" (Z. 54), „erlesen, exotisch, einzigartig" (Z. 54 f.). Mit dieser Metapher gibt der Fan seinen Eindruck von der Schauspielerin gefühlvoll wieder. Ihr Pelzmantel gleicht in seinen Augen „einem duftigen Schneegebilde" (Z. 41). Mit diesem Vergleich macht er die Wirkung der Schauspielerin anschaulich.
Er schreibt weiter, er glaube nicht, ihr je zu begegnen, und er könne das nicht wirklich hoffen, obwohl er wisse, dass manch einer es schaffen würde.

Pluspunkte sammeln – Auswertung	
29–40 Punkte	Du hast schon viel gelernt. Weiter so!
18–28 Punkte	Du kannst es sicher noch besser. Übe weiter.
0–17 Punkte	Arbeite die Seiten 11, 13, 28, 39, 45, 48–49 und 51 noch einmal durch.

Z Weiterführendes: Gedichte vergleichen

Du liest und interpretierst ein Gedicht von Bertolt Brecht.

1 Lies das Gedicht mithilfe des Textknackers.

Vergnügungen (1954) – Bertolt Brecht (1898–1956)

Der erste Blick aus dem Fenster am Morgen
Das wiedergefundene alte Buch
Begeisterte Gesichter
Schnee, der Wechsel der Jahreszeiten
Die Zeitung
Der Hund
Die Dialektik[1]
Duschen, Schwimmen
Alte Musik
Bequeme Schuhe
Begreifen
Neue Musik
Schreiben, Pflanzen
Reisen
Singen
Freundlich sein R

2 Worum geht es in dem Gedicht? Schreibe zwei bis drei Sätze in dein Heft.

3 **a.** Untersuche den Inhalt und die Form des Gedichts.
b. Schreibe eine Gedichtinterpretation zu dem Gedicht.

➤ Die Arbeitstechnik „Eine Gedichtinterpretation schreiben“ findest du in der vorderen Umschlagseite.

Z **4** Was bereitet dir Vergnügen? Schreibe ein Parallelgedicht in dein Heft.

Du vergleichst das Gedicht „Das Ideal“ mit dem Gedicht „Vergnügungen“.

5 **a.** Notiere in der Tabelle Informationen zu beiden Gedichten in Stichworten.
b. Vergleiche die Gedichte. Beschreibe Unterschiede und Gemeinsamkeiten.

	K. Tucholsky „Das Ideal“	B. Brecht „Vergnügungen“
Inhalt		
Form (Strophen, Verse, Reime, Metrum)		
Stilmittel	*Umgangssprache,*	*keine Satzzeichen,*

1 hier philosophisch: die Lehre von den Gegensätzen in den Dingen oder Begriffen

Lesen und Schreiben für den Beruf

Einen offiziellen Brief schreiben

Das Lexikon „Beruf aktuell“ informiert über verschiedene Berufe.
Du schreibst einen offiziellen Brief, um das Lexikon zu bestellen.

1 Wo könntest du das Lexikon „Beruf aktuell“ bestellen?
Schreibe verschiedene Möglichkeiten auf.

____

____

2 Wie gehst du vor, wenn du die Adresse nicht kennst? Notiere Vorschläge.

____

____

3 **a.** Suche eine Adresse heraus, bei der du das Lexikon bestellen kannst.
b. Schreibe mit der Adresse den Briefkopf des offiziellen Briefes.

______________ (eigene Adresse) ______________ (Datum)

____

____

______________ (Empfängeradresse)

____

____

______________________________ (Betreffzeile)

4 **a.** Formuliere die folgenden Betreffzeilen kürzer.
b. Ergänze im Briefkopf unter Aufgabe 3 eine passende Betreffzeile.

Sie haben mir am 12.03.2011 geschrieben. *Ihr Schreiben*

Mit diesem Schreiben beziehe ich mich auf unser Telefonat vom 15.02.2011. ______________

Ich möchte gerne das Lexikon der Ausbildungsberufe bestellen. ______________

Ich möchte gerne bei Ihnen ein Zimmer buchen. ______________

5 Welche Anrede und Grußformel verwendest du in dem Brief? Schreibe auf.

Anrede: ______________________________

Grußformel: ______________________________

6 Wie formulierst du dein Anliegen? Schreibe Stichworte zum Inhalt auf.

Angaben zur eigenen Person, ____________________

____

7 Schreibe den offiziellen Brief, in dem du das Lexikon „Beruf aktuell“ bestellst.
- Nenne in dem Brief den Grund für deine Bestellung.
- Verwende deinen eigenen Namen, deine Adresse und das aktuelle Datum.

Schreibe auf ein Blatt Papier oder nutze den Computer.
Beachte dabei die Arbeitstechnik „Einen offiziellen Brief schreiben“.

➤ Die Arbeitstechnik „Einen offiziellen Brief schreiben“ findest du in der hinteren Klappe.

Du überarbeitest einen offiziellen Brief.

Jens Müller 20.03.2011

Bundesagentur für Arbeit
Regensburger Str. 104
Nürnberg

Telefongespräch am 15.03.2011

Hallo,

ich bin Schüler der neunten Realschulklasse der Martin-von-Tours-Schule in Neustadt/Hessen und mache voraussichtlich im Sommer 2013 meinen Abschluss. Ich möchte mich über verschiedene Ausbildungsberufe und Berufsanforderungen im Bereich der Pflegeberufe informieren. Daher bestelle ich mit diesem Schreiben das Lexikon der Ausbildungsberufe, Ausgabe 12/13. Ich habe im Jahr 2011 ein Praktikum in einem Pflegeheim absolviert und viel dabei gelernt. Bewerbungen an verschiedene Pflegeheime habe ich schon geschrieben. Meine Eltern arbeiten als Bäckerin bei der Bäckerei Anders und Maschinenbauer bei Metall Meier in Neustadt. Ich bedanke mich für Ihre Bemühungen im Voraus.

Jens Müller

8 Überprüfe den offiziellen Brief. Welche formalen Fehler gibt es in dem Brief? Notiere Stichworte.

Absenderadresse unvollständig, ____________________

____

9 Welche unnötigen Informationen enthält der Brief? Streiche sie durch.

10 **a.** Überarbeite den Brief und schreibe ihn in dein Heft. Du kannst dafür auch den Computer nutzen.
b. Vergleiche den überarbeiteten Brief mit deinem Brief aus der Aufgabe 7.

Eine Berufsbeschreibung verstehen

Du informierst dich im Lexikon „Beruf aktuell“ über den Ausbildungsberuf Fachangestellte/r für Bäderbetriebe.

1 Lies die Berufsbeschreibung mithilfe des Textknackers.

➤ Die Arbeitstechnik „Der Textknacker“ findest du in der vorderen Klappe.

Fachangestellte/r für Bäderbetriebe

Für Sicherheit im Schwimmbad zu sorgen, ist die Hauptaufgabe von Fachangestellten für Bäderbetriebe. In den verschiedensten Badeeinrichtungen beaufsichtigen und betreuen sie die Badegäste und erteilen auch Schwimmunterricht. Sie überwachen die technischen Anlagen sowie die Wasserqualität und führen Reinigungs- und Desinfektionsarbeiten durch. Darüber hinaus pflegen sie z. B. Sport- und Spielgeräte und sorgen für Sauberkeit und Sicherheit in Umkleidekabinen und Duschen. Sie pflegen Freiflächen und Grünanlagen. Außerdem wirken sie bei Verwaltungsaufgaben und in der Öffentlichkeitsarbeit mit. Fachangestellte für Bäderbetriebe arbeiten hauptsächlich in öffentlichen und privaten Frei- und Hallenbädern, See- und Strandbädern, Meerwasser- und Wellenbädern oder Fitnesszentren. Darüber hinaus bieten sich Beschäftigungsmöglichkeiten in Wellnesshotels, in kommunalen Sportämtern oder in medizinischen Badeeinrichtungen von Rehabilitationskliniken oder Altenheimen. Fachangestellte/r für Bäderbetriebe ist ein anerkannter Ausbildungsberuf nach dem Berufsbildungsgesetz (BBiG). Diese bundesweit geregelte **3-jährige Ausbildung** wird im Bereich von Bäderbetrieben angeboten.

Beispielhafte Ausbildungsvergütung	pro Monat
1. Ausbildungsjahr	€ 687
2. Ausbildungsjahr	€ 736
3. Ausbildungsjahr	€ 781

Stand: 2011

2 **a.** Markiere die folgenden Tätigkeiten im Text.
b. Was bedeuten die markierten Tätigkeiten im Einzelnen? Was stellst du dir vor? Beschreibe die Tätigkeiten genauer. Du kannst dafür im Internet nach Informationen suchen.

Sicherheit in Schwimmbädern *bedeutet, dass im Schwimmbad kein Unfall passiert,* ______

______

Erteilung von Schwimmunterricht ______

______

Überwachung von technischen Anlagen ______

______

Reinigungs- und Desinfektionsarbeiten durchführen ______

______

Mitwirkung bei Verwaltungsaufgaben und der Öffentlichkeitsarbeit ______

______

______

3 **a.** Welche Fragen beantwortet die Berufsbeschreibung?
Schreibe sechs Fragen auf. Die vorgegebenen Begriffe helfen dir.
b. Schreibe hinter jeder Frage eine Antwort in Stichworten auf.

Dauer: *Wie lange dauert die Ausbildung? drei Jahre*

Aufgaben: ______

Ausbildungsort: ______

Arbeitsmöglichkeiten: ______

Bestimmungen: ______

Verdienst: ______

4 Schreibe mithilfe der Fragen und Stichworte aus Aufgabe 3 einen eigenen informierenden Text über das Berufsbild **Fachangestellte/r für Bäderbetriebe**. Du kannst in dein Heft schreiben oder den Computer nutzen.

Starthilfe
Das Berufsbild des oder der Fachangestellten für Bäderbetriebe
Die Hauptaufgaben eines Fachangestellten für Bäderbetriebe sind ...

5 Welche Informationen sind für jede Berufsbeschreibung wichtig?
Schreibe einen Merksatz auf.
Tipp: Die Fragen aus Aufgabe 3 helfen dir.

In jeder Berufsbeschreibung sollten Informationen zu

Z **6** Was ist das **Berufsbildungsgesetz**?
a. Markiere den Begriff und eine Abkürzung des Begriffs im Text.
b. Was wird in diesem Gesetz genauer geregelt? Beschreibe es in ganzen Sätzen. Du kannst dafür im Internet nach Informationen suchen.
c. Gib die Quelle für deine Informationen an.

Im Berufsbildungsgesetz stehen Bestimmungen über

Quelle: ______

Einen Tagesbericht schreiben

Du schreibst einen Tagesbericht (Praktikum) mithilfe von Notizen.

1 Lies die folgenden Stichworte für einen Tagesbericht.

05.05.2011, Abnahme Jugendschwimmabzeichen in Bronze, Schwimmbad Mengsberg, Eltern-Kind-Schwimmen, Schwimmhalle, 8:00 - 16:00 Uhr

8:30 Uhr: Bahnen für Jugendschwimmen, 8:45 Uhr Stoppuhr und Tauchringe aus dem Büro, 9:00 Uhr: Kindernamen und Geburtsjahr, danach Riegenkarte, 9:15 Uhr: Kinder hinter Startblock, Startsprung, Zeitschwimmen, Kinder genau beobachten, Schwimmzeit in Riegenkarte, 9:40 Uhr einen Tauchring ins Wasser, immer nur ein Kind tauchen lassen, 10:00 Uhr Kinder zum Umziehen, 10:00 - 12:00 Uhr Aufsicht, dann Mittagspause, 12:45 Uhr Geräte für Eltern-Kind-Schwimmen, 13:00 - 14:00 Uhr bei Eltern-Kind-Schwimmen, 14:00 Uhr Geräte weg, dann Aufsicht bis Ende

2 Formuliere einen Einleitungssatz mit den wichtigsten Informationen:
Wer? Wann? Wo? Was?

____

____

____

3 Formuliere den Tagesbericht in ganzen Sätzen.
Verwende alle Verben vom Rand.
- Formuliere genau und verwende geeignete Satzanfänge und Satzgefüge.
- Beachte die Arbeitstechnik „Einen Tagesbericht schreiben“.

Morgens um 8:30 Uhr sperrte ich zuerst Bahnen für das Jugend-schwimmen ab.

____

____

____

____

____

____

____

____

____

____

____

____

➤ Die Arbeitstechnik „Einen Tagesbericht schreiben“ findest du vorne auf der inneren Umschlagseite.

~~absperren~~,
ausfüllen,
holen,
beginnen,
werfen,
vorbereiten,
entlassen,
versammeln,
wegräumen,
aufschreiben,
führen,
eintragen,
mithelfen

4 Überprüfe den fertigen Bericht von Seite 48 mithilfe der Checkliste.

Checkliste: Einen Tagesbericht schreiben	ja	nein
Habe ich **W-Fragen** beantwortet?	☐	☐
Habe ich **genau** und **sachlich** geschrieben?	☐	☐
Ist der Bericht **knapp**, **einfach** und **klar**?	☐	☐
Habe ich **wertende** Aussagen **vermieden**?	☐	☐
Habe ich alle **Materialien** und **Werkzeuge** genannt?	☐	☐
Habe ich das **Präteritum** verwendet?	☐	☐
Sind meine Sätze **abwechslungsreich**?	☐	☐
Stimmt die **Reihenfolge** und habe ich **Zeitangaben** gemacht?	☐	☐

Du überarbeitest einen fehlerhaften Tagesbericht.

5 Lies den Tagesbericht.

Tagesbericht

Ich mache mein Praktikum im Hallenbad Mengsberg als „Fachangestellter für Bäderbetriebe". Dort gefällt es mir sehr gut. Am Montag, dem 02.05.2011, beginnt mein Praktikum um 7:30 Uhr. Ich gehe mit Schwimmmeister Jochen Müller durch den Kellereingang ins Bad. Zuerst machen wir die Alarmanlage aus. Dann helfe ich bei der Filteranlage, die Filter zu spülen. Obwohl das total leicht ist, muss ich aufpassen, damit ich später die Reihenfolge des Spülens beherrsche. Dann kontrollieren wir zusammen die Umkleidekabinen. Dann werden die Wasserqualität, die Wassertemperatur und der Chlorgehalt des Wassers kontrolliert und in den Tagesbericht des Schwimmbads eingetragen, für mich eine viel zu leichte Aufgabe. Dann um 8:30 Uhr muss ich die Schwimmhalle mit Desinfektionsmittel ausspritzen. Dann ab 9:00 Uhr kommen die Schulen zum Schulschwimmen und ich mache endlich Frühstückspause. Um 13:00 Uhr endet mein Praktikumstag. Dann mache ich zwischen 10:00 und 12:30 Uhr zusammen mit dem Schwimmmeister Aufsicht. Dabei unterhalte ich mich nett mit den Leuten.

6 **a.** Markiere in dem Tagesbericht alle Fehler mithilfe der Checkliste.
Tipp: Achte auf unnötige Wiederholungen von Verben und Satzanfängen.
b. Welche fünf Arten von Fehlern wurden in dem Bericht gemacht?
Beschreibe die Fehlerarten in ganzen Sätzen.

In dem Bericht gibt es mehrere wertende __________

____

____

____

____

7 Überarbeite den Tagesbericht.
Schreibe in dein Heft oder nutze den Computer.
- Ersetze das Verb „machen" jeweils durch ein besser passendes Verb.
- Beachte dabei die Arbeitstechnik „Einen Tagesbericht schreiben".

Eine Bewerbung schreiben

Du schreibst ein Bewerbungsschreiben auf einen Ausbildungsplatz im Beruf deiner Wahl oder im Beruf Fachangestellte/r für Bäderbetriebe.

1 **a.** Welche Angaben müssen in einem Bewerbungsschreiben enthalten sein? Notiere alle wichtigen Angaben am Rand in Stichworten.
b. Schreibe ein Bewerbungsschreiben für deinen Wunschberuf auf.
Tipp: Beachte die Arbeitstechnik „Ein Bewerbungsschreiben verfassen".
c. Überprüfe dein Bewerbungsschreiben mithilfe der Checkliste auf Seite 51.

➤ Die Arbeitstechnik „Ein Bewerbungsschreiben verfassen" findest du in der hinteren Klappe.

Wichtige Angaben in Bewerbungsschreiben:

(Ort und Datum)

(Absenderadresse mit Telefonnummer)

(Empfängeradresse)

(Betreffzeile)

(Anrede)

(Hauptteil)

(Grußformel)

(Unterschrift)

(Anlagen)

Du überarbeitest ein fehlerhaftes Bewerbungsschreiben.

Ausbildung bei Ihnen

Sehr geehrte Damen und Herren,

ich heiße Petra und gehe noch zur Schule. Meine Schule ist die Martin-von-Tours-Schule und meinen Realschulabschluss mache ich nächstes Jahr. Dann möchte ich bei Ihnen Fachangestellte für Bäderbetriebe werden. Ich interessiere mich für den Beruf, da ich gehört habe, wie jemand von Ihnen einen Vortrag über den Beruf gehalten hat. Meine Mutter arbeitet auch in einem Schwimmbad. Ich schwimme in meiner Freizeit viel, lese gerne und ich eigne mich für diesen Beruf.
Ich freue mich auf Ihre Einladung zum Bewerbungsgespräch und bin dann pünktlich bei Ihnen.

Mit freundlichen Grüßen

Petra

2 **a.** Überprüfe das Bewerbungsschreiben mithilfe der Checkliste unten.
Hinweis: Adressen und Datum waren richtig.
b. Warum wird die Bewerberin mit diesem Brief nicht zum Gespräch eingeladen? Schreibe eine Begründung in einem ganzen Satz auf.

3 Welche notwendigen Angaben fehlen in dem Bewerbungsschreiben? Schreibe die Angaben in Stichworten auf.

4 **a.** Welche Teile, Sätze oder Satzteile sind schlecht formuliert? Markiere sie.
b. Überarbeite die Formulierungen und schreibe sie in dein Heft. Ergänze dabei auch die fehlenden Angaben aus Aufgabe 3.

5 **a.** Überarbeite das Bewerbungsschreiben. Du kannst den Computer nutzen. Beachte die Arbeitstechnik „Ein Bewerbungsschreiben verfassen“.
b. Überprüfe das fertige Bewerbungsschreiben mithilfe der Checkliste.

Checkliste: Ein Bewerbungsschreiben verfassen	ja	nein
Habe ich die **Adressen** vollständig und richtig geschrieben?	☐	☐
Habe ich meine **Telefonnummer** und das **Datum** angegeben?	☐	☐
Habe ich im **Betreff** mein **Anliegen** kurz genannt?	☐	☐
Habe ich eine geeignete **Anrede** und **Grußformel** verwendet?	☐	☐
Habe ich im Hauptteil Angaben zu **Person**, **Schule**, **Klasse**, **Schulabschluss** und **Praktika** im Ausbildungsberuf gemacht?	☐	☐
Habe ich **Berufswunsch** und Wahl des **Ausbildungsbetriebs begründet**?	☐	☐
Habe ich **gut formuliert** und **Umgangssprache vermieden**?	☐	☐
Habe ich den Brief **unterschrieben** und **Anlagen** aufgeführt?	☐	☐

Formulare verstehen

Für die Berufsausbildung schließt du mit dem Ausbildungsbetrieb einen Berufsausbildungsvertrag. Du liest und verstehst einen solchen Vertrag.

1 Finde in dem Vertrag auf Seite 53 die passenden Fachbegriffe zu den Erklärungen. Schreibe zu jeder Erklärung den passenden Fachbegriff auf.

Die Person, die jemanden ausbildet: der/die Ausbildende

Der Betrieb, der jemanden ausbildet: ______

Der Beruf, in dem ausgebildet wird: ______

Der Ort, an dem sich der Betrieb befindet: ______

Der Ort, an dem die Ausbildung durchgeführt wird: ______

Tage, an denen normalerweise gearbeitet wird: ______

Tage, an denen tatsächlich gearbeitet wird: ______

Der vereinbarte Lohn für die geleistete Arbeit: ______

Das Recht auf arbeitsfreie Erholungszeit: ______

Die Vergütung, von der Steuern und Sozialbeiträge abgezogen werden: ______

Die rechtliche Beziehung zwischen Auszubildenden und Ausbildenden:

______

Die Regelung der Rechte und Pflichten der Auszubildenden und Ausbildenden:

______

Verschiedene Tätigkeiten, die der Ausbildung dienen:

______

2 Beantworte diese Fragen zu Marks Ausbildung.

a) Wie heißt Marks Ausbildungsbetrieb? ______

b) Wie lange dauert Marks Ausbildung? ______

c) An welchem Tag beginnt Marks zweites Ausbildungsjahr? ______

d) Wie viele Tage Urlaub hat Mark im Jahr 2012? ______

e) Wie lang ist die Probezeit? ______

f) Wer muss den Ausbildungsvertrag unterschreiben?

______

______

______

g) Welche Tarifverträge und sonstigen Vereinbarungen gelten für Marks Ausbildung?

______

______

Berufsausbildungsvertrag

(§§ 10, 11 Berufsbildungsgesetz - BBiG)

IHK

Zwischen dem/der Ausbildenden (Ausbildungsbetrieb)

KNR	Firmenident-Nr.	Tel.-Nr.

Anschrift des/der Ausbildenden
BäderBetriebe Frankfurt GmbH

Straße, Hausnummer
Am Hauptbahnhof 16

PLZ 60329 Ort Frankfurt am Main

E-Mail-Adresse des/der Ausbildenden
mike.schmidt@bbf-frankfurt.de

Verantwortlicher Ausbilder
Herr
Mike Schmidt

und der/dem Auszubildenden männlich [X] weiblich [ ]

Name: Schlosser Vorname: Mark

Straße, Hausnummer
Schlossstraße 135

PLZ 60486 Ort Frankfurt

Geburtsdatum
17.04.1996

Staatsangehörigkeit: Deutsch Gesetzliche Vertreter [1]: Mutter

Namen, Vornamen der gesetzlichen Vertreter
Nina Schlosser

Straße, Hausnummer
Schlossstraße 15

PLZ 60486 Ort Frankfurt am Main

wird nachstehender Vertrag zur Ausbildung im Ausbildungsberuf mit der Fachrichtung/dem Schwerpunkt/dem Wahlbaustein etc. nach Maßgabe der Ausbildungsordnung [2] geschlossen.
Fachangestellter für Bäderbetriebe
—

Zuständige Berufsschule
Bergiusschule

A Die Ausbildungszeit beträgt nach der Ausbildungsordnung 36 Monate.
Die vorausgegangene Berufsausbildung / Vorbildung:
Schulausbildung

wird mit 0 Monaten angerechnet bzw. es wird eine entsprechende Verkürzung beantragt.

Das Berufsausbildungsverhältnis
beginnt am 01.09.2012 endet am 31.08.2015

B Die Probezeit (§ 1 Nr. 2) beträgt 3 Monate.[3]

C Die Ausbildung findet vorbehaltlich der Regelungen nach D (§ 3 Nr. 12) in

Straße: den Bäderbetrieben der BBF
PLZ, Ort: 60329, Frankfurt am Main

und den mit dem Betriebssitz für die Ausbildung üblicherweise zusammenhängenden Bau-, Montage- und sonstigen Arbeitsstellen statt.

D Ausbildungsmaßnahmen außerhalb der Ausbildungsstätte (§ 3 Nr. 12) (mit Zeitraumangabe)
keine

E Der/die Ausbildende zahlt dem/der Auszubildenden eine angemessene Vergütung (§ 5); diese beträgt zur Zeit monatlich brutto

EUR	703,26	753,20	799,02	
im	ersten	zweiten	dritten	vierten

Ausbildungsjahr.

F Die regelmäßige Ausbildungszeit in Stunden beträgt täglich [4] 7,80 und/oder wöchentlich 39,00

G Der/die Ausbildende gewährt dem/der Auszubildenden Urlaub nach den geltenden Bestimmungen. Es besteht ein Urlaubsanspruch.

Im Jahr	2012	2013	2014	2015	2016
Werktage					
Arbeitstage	9,00	26,00	26,00	17,00	

H Sonstiges, Hinweise auf anzuwendende Tarifverträge und Betriebsvereinbarungen.
Es gelten der TVAÖD und das BBiG.

J Die beigefügten Vereinbarungen sind Gegenstand dieses Vertrages und werden anerkannt.

Frankfurt am Main, den 15.08.2012
Ort, Datum

Der/die Ausbildende:

Stempel und Unterschrift

Der/die Auszubildende:
X
Vor- und Familienname

Die gesetzlichen Vertreter des/der Auszubildenden:
X
Vater und Mutter/Vormund

Änderungen des wesentlichen Vertragsinhaltes sind vom Ausbildenden unverzüglich zur Eintragung in das Verzeichnis der Berufsausbildungsverhältnisse bei der Industrie- und Handelskammer anzuzeigen.

Die beigefügten Angaben zur sachlichen und zeitlichen Gliederung des Ausbildungsablaufs (Ausbildungsplan) sind Bestandteil dieses Vertrages.

[1] Vertretungsberechtigt sind beide Eltern gemeinsam, soweit nicht die Vertretungsberechtigung nur einem Elternteil zusteht. Ist ein Vormund bestellt, so bedarf dieser zum Abschluss des Ausbildungsvertrages der Genehmigung des Vormundschaftsgerichtes.
[2] Solange die Ausbildungsordnung nicht erlassen ist, sind gem. § 104 Abs. 1 BBiG die bisherigen Ordnungsmittel anzuwenden.
[3] Die Probezeit muss mindestens einen Monat und darf höchstens vier Monate betragen.
[4] Das Jugendarbeitsschutzgesetz sowie für das Ausbildungsverhältnis geltende tarifvertragliche Regelungen und Betriebsvereinbarungen sind zu beachten.

Blatt 1 – Auszubildende(r)

Fehler finden

Merkwissen

Bewerbungsschreiben müssen **fehlerlos** sein. Daher ist es wichtig, die **Rechtschreibung** und **Zeichensetzung** genau zu überprüfen.

Du übst Wörter und Wortgruppen, die in Bewerbungsschreiben häufig vorkommen.

1 **a.** Sieh dir die Wörter oder Wortgruppen am Rand genau an.
b. Präge dir jeweils ein Wort oder eine Wortgruppe ein.
c. Decke das Wort oder die Wortgruppe am Rand ab.
d. Schreibe die eingeprägten Wörter oder Wortgruppen auf.

Sehr geehrte Damen und Herren, daher, deshalb, die Agentur für Arbeit, die Personalabteilung, ich habe erfahren, dass ..., die Firma, im nächsten Jahr, der/die Auszubildende, interessieren, das Interesse, der Ausbildungsplatz, hiermit, zurzeit, einstellen, voraussichtlich, verlassen, der Lebenslauf, der mittlere Bildungsabschluss, die Berufsberatung, intensiv, die Information, informieren, die Einladung, das Vorstellungsgespräch, das Zeugnis – die Zeugnisse, die Kopie – die Kopien, mit freundlichen Grüßen

Du schreibst Anredepronomen groß und beachtest die Zeichensetzung.

2 Welche fünf Pronomen vom Rand musst du in einem Bewerbungsschreiben als Anrede großschreiben? Schreibe sie in Großschreibung auf.

Ihre,

~~ihre~~, deine, dein, ihnen, mein, ihrem, ich, du, sie, ihr, meine, wir, eure, euren, unsere

3 Welche besonderen Zeichensetzungsregeln musst du in Briefen beachten? Schreibe drei Regeln in Stichworten auf.

➤ Die Arbeitstechnik „Einen offiziellen Brief schreiben“ findest du in der hinteren Klappe.

4 **a.** Schreibe ein eigenes vollständiges Bewerbungsschreiben um einen Ausbildungsplatz.
b. Überprüfe die Rechtschreibung. Achte dabei besonders auf die Großschreibung von Anredepronomen und auf die Zeichensetzung.

mehr zu Bewerbungsschreiben ➤ S. 50–51

Du überarbeitest ein fehlerhaftes Bewerbungsschreiben.

5 a. Lies das Bewerbungsschreiben. Kontrolliere dabei die Rechtschreibung.
b. Markiere neun Rechtschreibfehler und fünf Zeichensetzungsfehler.
c. Schreibe die neun fehlerhaften Wörter am Rand richtig auf.
d. Notiere am Rand, welche Zeichen fehlen oder zu viel sind.

Udo Mustermann
Auf der Wiese 43
87111 Kühldorf

24. 06. 2012

Achtung: Fehler!

Vereinigte Autohäuser
– Personalabteilung –
Schweizer Landstraße 11
84746 Motorstadt

Bewerbung um einen Ausbildungsplats als Bürokaufmann !

Sehr gehrte Damen und Herren !!

bei der Argentur für Arbeit in Münster habe ich erfahren dass Ihre Firma !!
auch im nächsten Jahr Auszubildende einstellt.
Daher bewerbe ich mich hiermit bei ihnen um einen Ausbildungsplatz !
als Bürokaufmann.
Zurzeit besuche ich die Klasse 9 c der Konrad-Adenauer-Schule in Münster !
die ich voraussichtlich im Sommer 2013 mit dem mittleren Bildungsabschlus !
verlassen werde.
Durch Schriften der Berufsberatung und durch meinen Freund der sich bei !
Ihnen im zweiten Ausbildungsjahr befindet, habe ich mich intensif über !
den Beruf des Bürokaufmans und Ihre Firma informiert. !
Über eine Einladung zu einem Vorstellunsgespräch würde ich mich sehr !
freuen.
Meinen Lebenslauf sowie die Kopie meines lezten Zeugnisses füge ich bei. !

Mit freundlichen Grüßen. !

Udo Mustermann

Anlagen: Lebenslauf, Zeugnis

6 Schreibe das Bewerbungsschreiben fehlerfrei auf ein Blatt Papier.
- Halte die üblichen Abstände ein und schreibe so ordentlich wie möglich.
- Fange auf einem neuen Blatt von vorne an, wenn du einen Fehler machst.

Tipp: Sei geduldig und ärgere dich nicht, wenn du mehrere Versuche benötigst.

Z 7 Welche Besonderheit gilt für den Satz nach der Anrede in einem Brief? Ergänze die Regel.

Den ersten Satz nach der Anrede schreibt man am Anfang ______________.

Fremdwörter

Merkwissen

Viele Fremdwörter haben typische Buchstaben oder Buchstabenkombinationen, z. B.:

y	das S**y**stem,	**ph**	das Al**ph**abet,
c	der **C**lown,	**rh**	das **Rh**euma,
ch	das **Ch**aos,	**th**	die **Th**eke

1 **a.** Lies die Fremdwörter.
b. Ordne die Fremdwörter in die Tabelle ein.
Tipp: Manche Wörter musst du in mehrere Spalten eintragen.

der Zylinder, die Creme, groggy, der Prophet, das Rheuma, der Chor, der Dynamo, das Labyrinth, der Container, der Typ, die Thermosflasche, die Chronik, die Pyramide, die Atmosphäre, das Alphabet, das Cockpit, der Physiker, die Sympathie, das Rhinozeros, die Cholera, das System, die Phase, clever, das Symbol, der Athlet, die Bibliothek, der Charakter, die City, das Theater, das Thermometer, der Campingplatz, das Chrom, der Rhythmus, der Paragraph*, die Party, der Carport, die Story, die Katastrophe, die Rhetorik, das Casting, der Pyjama, die Theke, das Chlor, die Analyse, die Gymnastik, die Strophe, die Chance, der Cousin, der Chef, die Apotheke, der Zyklus, die Theorie, die Therme, zynisch, die Methode, die Chemie, der Zyklon, der Thron

Fremdwörter mit **y**	Fremdwörter mit **c**	Fremdwörter mit **ch**
der Zylinder,		
Fremdwörter mit th	**Fremdwörter mit ph**	**Fremdwörter mit rh**

* Wörter, die statt mit ph auch mit f geschrieben werden können

2 Erkläre die Bedeutung dieser Fremdwörter. Schreibe in dein Heft.
Du kannst Wörterbücher, Lexika oder das Internet nutzen.

groggy, der Prophet, das Rheuma, das Labyrinth, die Chronik, die Atmosphäre, die Sympathie, die Cholera, der Rhythmus, der Paragraph*, die Rhetorik, der Zyklus, zynisch, der Zyklon

3 Ordne den Erklärungen passende Fremdwörter von Seite 56 zu.
Schreibe die Fremdwörter mit den Artikeln auf.
Du kannst Wörterbücher, Lexika oder das Internet nutzen.

eine Sängergemeinschaft – ______________________

aus Ägypten bekannte Bauwerke – ______________________

ein schreckliches Unglück – ______________________

ein Irrgarten – ______________________

4 Welche Fremdwörter mit **ph** oder **th** passen zu den Erklärungen? Ergänze.
Tipp: Die Wörter findest du nicht auf Seite 56.

die Beschreibung des Lebens einer Person – ______________________

eine Behauptung – ______________________

die Fähigkeit, sich etwas auszudenken – ______________________

5 **a.** Markiere im Text die Fremdwörter mit **y**, **c**, **ch**, **ph**, **rh** und **th**.
b. Schreibe den Text in dein Heft.

Ist Sport gesund?

Der frühere britische Premierminister Winston Churchill wurde angeblich einmal gefragt, wie er sein hohes Alter erreicht habe. Er soll die Frage schmunzelnd mit der These „no sports“ beantwortet haben.
Tatsächlich klagen heute immer mehr Athleten über gesundheitliche Probleme. Sie sind Stammgäste bei Chirurgen und anderen Ärzten. Die Sportler leiden zum Beispiel an Herzproblemen, Rheuma oder anderen Erkrankungen des Bewegungsapparates. Deswegen müssen sie den gewohnten Rhythmus ihrer Übungen unterbrechen, was zu Leistungsabfall und zu finanziellen Einbußen führt. Viele sehen ihre Chance in der Chemie und nehmen Präparate, die es nicht in der Apotheke gibt. Sie ändern ihre Trainingsmethoden und beobachten ängstlich ihren Körper mit Thermometer, Pulskontrolle und anhand von Blutwerten. Auch informieren sie sich in Bibliotheken über jede Möglichkeit, die Katastrophe zu vermeiden, die da heißt: Schluss mit dem Hochleistungssport.
Das „no sports“-Zitat von Churchill ist übrigens nur in Deutschland bekannt. Aus seiner Biographie weiß man, dass er zum Beispiel den Pferdesport liebte. Vielleicht hat der Journalist phantasiert*, der das Zitat zuerst verwendet hat.

6 Schreibe sechs eigene Sätze mit Fremdwörtern in dein Heft.
Es sollen Wörter mit den Buchstaben **y**, **c**, **ch**, **ph**, **rh** und **th** vorkommen.

Z **7** Vergleiche die Pluralbildung im Englischen und im Deutschen.
Wie wird der Plural von Wörtern gebildet, die auf y enden?
a. Bilde den deutschen und englischen Plural der Wörter vom Rand.
b. Was stellst du fest? Schreibe einen Merksatz in dein Heft.

das Baby / the baby
die Party / the party
die City / the city
die Story / the story

Zusammen- und Getrenntschreibung

Wenn zwei zusammenstehende Wörter eine neue Bedeutung ergeben, werden diese Wortgruppen meist zusammengeschrieben.

Merkwissen

Wortgruppen aus **Adjektiv** + **Verb** werden **zusammengeschrieben**, wenn eine **neue (übertragene) Gesamtbedeutung** gemeint ist.

Zusammenschreibung: Wir konnten nicht alle Probleme lösen, einige Fragen mussten **offenbleiben**.
⟶ **übertragene Bedeutung:** Einige Fragen konnten nicht gelöst werden.

Getrenntschreibung: Das Fenster soll **offen bleiben**.
⟶ **direkte Bedeutung:** Das Fenster soll nicht geschlossen werden.

1 **a.** Ergänze passende Wortgruppen vom Rand.
Prüfe jeweils, ob das Verb oder die Wortgruppe in dem Satz eine übertragene Bedeutung hat.
b. Schreibe mit jedem Beispiel vom Rand zwei eigene Sätze in dein Heft.
Verwende einmal die übertragene und einmal die direkte Bedeutung.

zusammen schreiben, schief gehen, kalt stellen, schlecht machen, gut machen, schön reden, frei sprechen

zusammen schreiben wir jetzt eine Postkarte an unsere Freundin.

Das Wort „schwarzärgern“ muss man immer zusammenschreiben.

Achte genau auf die Temperatur, damit der Versuch nicht schiefgeht.

Herr Meier hat solche Rückenschmerzen, dass er ganz schief geht.

Kannst du das Dessert bitte auf dem Balkon kalt stellen?

Wir müssen den Linksaußen immer ablaufen, damit wir ihn kaltstellen.

Warum muss er seine Hausaufgaben nur immer so schlecht machen?

Wieso muss sie ihre Lehrerin nur immer so schlechtmachen?

Die nächsten Hausaufgaben will ich besonders gut machen.

Die Beleidigung kannst du mit einem Kompliment wieder gutmachen.

Du musst nicht immer deine misslungenen Versuche schönreden.

Wenn ihm ein Gespräch wichtig ist, kann er wirklich schön reden.

Die Richterin wird den Angeklagten bestimmt nicht freisprechen.

Als Anwalt muss man ohne Manuskript frei sprechen können.

Merkwissen

Aus Wortgruppen entstehen Zusammensetzungen.
Zum Beispiel: **scharf wie ein Messer – messerscharf**

2 **a.** Bilde aus den Wortgruppen Zusammensetzungen.
b. Schreibe mit jeder Zusammensetzung einen eigenen Satz in dein Heft.

mehrere Jahre lang –	jahrelang	tätig im Beruf –	berufstätig
vor Freude strahlend –	freudestrahlend	von Angst erfüllt –	angsterfüllt
beständig gegen Hitze –	hitzebeständig	weich wie Butter –	butterweich

Wenn Wortgruppen aus Nomen + Verb oder Verb + Verb nominalisiert werden, schreibst du sie zusammen.

3 **a.** Markiere im Text die getrennt geschriebenen Wortgruppen aus **Nomen** + **Verb** und **Verb** + **Verb**.
b. Schreibe den Text in dein Heft.

Ich möchte im Urlaub nicht auch noch Auto fahren, sondern lieber spazieren gehen, Tennis spielen oder Fahrrad fahren. Darum können wir eigentlich gleich mit dem Zug fahren, bevor wir mit dem Auto noch im Stau stecken bleiben. Im Zug kann man außerdem Leute kennen lernen, Eis essen und muss nicht die ganze Zeit sitzen bleiben. Und wir müssen keine Angst haben, dass wir den Vermieter der Ferienwohnung zu lange warten lassen.

Merkwissen

Aus **Nomen** + **Verb** und **Verb + Verb** entstehen **zusammengesetzte Nomen**, wenn die Wörter **das, zum, beim** und **vom** davor stehen.
Zum Beispiel: Heute gehe ich **Fußball spielen**. **Das Fußballspielen** macht mir Freude.
Ich will **spazieren gehen**. **Beim Spazierengehen** geht es mir gut.

4 Bilde mit den markierten Wortgruppen aus Aufgabe 1 und mit den Wortgruppen vom Rand zusammengesetzte Nomen. Ordne sie dabei nach ihren Bestandteilen.

Nomen + Verb: das Autofahren, zum Tennisspielen, beim Fahrrad fahren, vom Eisessen, das Angsthaben, beim Schlangestehen, vom Motorradfahren, zum Skilaufen, beim Maßhalten, das Feuerfangen, zum Handballspielen, vom Schlittschuhlaufen

Verb + Verb: beim Spazierengehen, das Steckenbleiben, zum Kennenlernen, vom Sitzenbleiben, das Wartenlassen, vom Stehenbleiben, beim Fallenlassen, das Liegenlassen

Schlange stehen,
stehen bleiben,
Motorrad fahren,
fallen lassen,
Ski laufen,
Maß halten,
liegen lassen,
Feuer fangen,
lesen üben,
Handball spielen,
Schlittschuh laufen

Bearbeite die folgenden Aufgaben in deinem Heft.

5 Schreibe zehn eigene Sätze mit zusammengesetzten Nomen aus Aufgabe 2. Verwende fünf Zusammensetzungen aus **Verb** + **Verb** und fünf Zusammensetzungen aus **Nomen** + **Verb**.

6 Entscheide die Zusammen- oder Getrenntschreibung der Wortgruppen vom Rand.

Schlittschuh/laufen
Ski/laufen
Fußball/spielen
Tennis/spielen

Werte Gäste,

unser Sporthotel bietet Ihnen viele Möglichkeiten der Freizeitgestaltung.

Auf dem See können Sie im Winter Schlittschuh laufen. Auf unserem Hausberg ist auch das Skilaufen möglich.

Im Sommer lädt unser gepflegter Rasenplatz zum Fußball spielen ein und auf vier Sandplätzen können Sie Tennis spielen.

Großschreibung

Merkwissen

Zusammengesetzte Nomen werden **großgeschrieben.**
Die Wörter **das, beim, zum** machen's.

Nomen + **Verb**:	Rad fahren	– beim Radfahren
Verb + **Verb**:	spazieren gehen	– zum Spazierengehen
Adjektiv + **Verb**:	geheim halten	– das Geheimhalten

1 Bilde Nominalisierungen und ordne sie in die Tabelle ein.
Tipp: Achte auf die Wörter **das**, **beim**, **zum** und **vom**.

Auto fahren, gerade biegen, baden gehen, Rad fahren, neu bearbeiten, joggen gehen, Angst haben, sitzen bleiben, alt werden, essen gehen, Feuer fangen, schnell fahren, schreiben lernen, Maß halten, auswendig lernen, Schlange stehen, tanzen üben, klein schneiden, sauber halten, wandern gehen, Strom sparen

Nominalisierungen aus ...

Nomen + Verb	**Verb + Verb**	**Adjektiv + Verb**
das Autofahren,	*beim Badengehen,*	

2 Zusammen oder getrennt? Groß oder klein?
Entscheide die Schreibung der Wortgruppen vom Rand.

Auto/fahren,
schnell/fahren,
baden/gehen,
auswendig/lernen,
einkaufen/gehen

Beim ______________ muss man sich permanent konzentrieren.

Bei Regen habe ich zum ______________ keine Lust.

Im Straßenverkehr ist das ______________ mit dem Rad gefährlich.

Das ______________ macht mir keine Mühe.

Das ______________ macht mir Spaß.

3 Schreibe mit sechs zusammengesetzten Nomen jeweils einen eigenen Satz.

____

____

____

____

____

____

Merkwissen

Verben werden **nominalisiert** und **großgeschrieben**, wenn ...
... ein **Artikel** davorsteht, z. B.: Lustig klang **das Lachen**.
... ein **Attribut** davorsteht, z. B.: Manchmal stört **lautes Lachen**.
... eine (erweiterte) **Präposition** davorsteht, z. B.:
Er geht **zum** (zu dem) **Lachen** in den Keller.
... ein **Possessivpronomen** davorsteht, z. B.: Er ließ **sein Lachen** hören.

4 Entscheide, ob die Wörter großgeschrieben werden.

r/Rad f/Fahren	________	wir w/Weinen	________
das r/Radfahren	________	ihr w/Weinen	________
r/Riskantes f/Fahren	________	vom s/Singen	________
das r/Riskante f/Fahren	________	sie s/Singen	________

5 **a.** Markiere im Text alle nominalisierten Verben.
b. Ordne die markierten Nominalisierungen in die Tabelle ein.
c. Ergänze in jeder Spalte der Tabelle drei Nominalisierungen.
d. Schreibe den Text in dein Heft.

Alternativen zum Fahren

Beim Autofahren kommt es häufig zu gefährlichen Situationen und manche Fahrer wissen sich nur durch lautes Hupen zu helfen. Dabei könnte alles so einfach sein. Das Fahren mit dem Auto ist nicht immer nötig. Kurze Strecken kann man mit dem Fahrrad fahren und es soll sogar Bürger geben, die zu Fuß zum Einkaufen gehen. Ausdauerndes Gehen ist nämlich sehr gesund. Mein Vater sagt immer: „Gehen ist gut für den Körper. Sag mal, wohin soll ich heute laufen? Ich kenne hier schon jeden Baum!" In Wirklichkeit erfreut ihn jeden Tag das Wiedersehen mit den Bäumen und im Laufe der Jahreszeiten beobachtet er aufmerksam ihr Wachsen und ihr Welken.

Artikel + Verb	Attribut + Verb	Präposition + Verb	Possessivpronomen + Verb
________	________	*beim Autofahren,*	________
________	________	________	________
________	________	________	________

6 Schreibe mit den Nominalisierungen jeweils einen eigenen Satz.

das Streben ________________________________

____

beim Nachdenken ________________________________

____

leises Wispern ________________________________

____

sein Fehlen ________________________________

____

Das kann ich! – Fehler finden, Fremdwörter

Punkte

1 Ergänze den Merksatz.

Bewerbungsschreiben müssen ____________________ sein.

/1 Punkt

2 Ergänze die Betreffzeile, die Anrede und die Grußformel für ein Bewerbungsschreiben um einen Ausbildungsplatz als Altenpfleger.

/9 Punkte

Betreff: ____

Anrede: ____

Grußformel: ____

3 **a.** Lies das Bewerbungsschreiben. Kontrolliere dabei die Rechtschreibung.
b. Markiere sieben Rechtschreibfehler und fünf Zeichensetzungsfehler.
c. Schreibe die sieben fehlerhaften Wörter am Rand richtig auf.
d. Notiere am Rand, welche Zeichen fehlen oder zu viel sind.

/7 Punkte
/5 Punkte

Bewerbung um einen Ausbildungsplatz als Tischlerin

Achtung: Fehler!

Sehr geehrte Damen und Herren !

schon lange ist es mein Wunsch, Tischlerin zu werden. Von klein auf habe
ich meinem Vater bei Reperaturen und Renovierungsarbeiten geholfen und !
dabei bereits viel über Werkzeuge und Materialien gelernt. Ich interesiere !
mich besonders für die Herstellung von Möbeln die aus Massivholz sind. !
Deshalb bewerbe ich mich bei ihnen, weil ich erfahren habe das Sie !!!
bevorzugt Massivholzmöbel in Handarbeit herstellen.
Zurzeit besuche ich die 9. Klasse der Heinrich-Böll-Schule in Hamm an der !
ich im Sommer nächsten Jahres vorausichtlich den mittleren Schulabschluss !
machen werde.
Zu meinen Hobbys zählt neben dem basteln und Werken auch der Sport. !
Ich spiele in der Jugend der Handballabteilung des TSV Hamm.
Über eine Einladung zu einem Vorstellungsgesprech würde ich mich sehr !
freuen.

Mit freundlichen Grüßen! !

4 Schreibe das Bewerbungsschreiben fehlerfrei auf ein Blatt.

/12 Punkte

5 Ergänze passende Fremdwörter.

/6 Punkte

Mit dem ____________________ bestimmt man die Temperatur.

In der ____________________ kann man Bücher ausleihen.

Die Abschnitte eines Gedichts nennt man ____________________.

Die Lufthülle der Erde nennt man ____________________.

Das Nashorn wird auch ____________________ genannt.

Ein schreckliches Unglück ist eine ____________________.

Gesamtpunktzahl: /40 Punkte

Das kann ich! – Zusammen- und Getrenntschreibung, Großschreibung

Punkte

1 Ergänze den Merksatz zur Zusammenschreibung. /4 Punkte

Aus den getrennt geschriebenen Wortgruppen **Nomen** + **Verb** und **Verb** + **Verb** werden ____________ Nomen. Die Wörter ________, ________, ________ und ________ machen's.

2 Entscheide im Text die Zusammen- oder Getrenntschreibung. /6 Punkte

In unserer Gesellschaft gewinnt die Geschwindigkeit der Fortbewegung eine immer größere Bedeutung. Sehr langsam ist das ____________ (spazieren/gehen). Etwas eiligere Zeitgenossen können mit dem ____________ (Fahrrad/fahren). Favorit ist nach wie vor das ____________ (Auto/fahren), obwohl die Geduld dabei häufiger auf die Probe gestellt wird. Wer im ____________ (Stau/stehen) muss, hört sich selbst manchmal fluchen: „Ach, wäre ich doch bloß mit dem ____________ (Zug/gefahren) oder gar mit dem ____________ (Flugzeug/geflogen)."

3 a. Bilde aus den Wortgruppen Zusammensetzungen. /6 Punkte
b. Schreibe mit vier der Zusammensetzungen Sätze in dein Heft. /4 Punkte

mehrere Jahre lang -	____________	tätig im Beruf –	____________
von Leid erfüllt -	____________	weich wie Butter -	____________
warm wie Brühe -	____________	mit freiem Bauch -	____________

4 Ergänze den Merksatz zur Großschreibung. /4 Punkte

Verben werden nominalisiert und großgeschrieben, wenn ein ____________, ein ____________, eine (erweiterte) ____________ oder ein ____________ davorsteht.

5 Entscheide die Großschreibung und die Zusammenschreibung. /6 Punkte

Taifur konnte bereits früh ____________ (Fahrrad/fahren), nachdem sein ____________ (l/Laufen) eher spät einsetzte. Wenn er 18 ist, will er sofort ____________ (Auto/fahren), denn das lange ____________ (s/Stehen) im Bus findet er unbequem. Seine Eltern haben Sorge, dass er dann nicht mehr dazu kommt, sich zu ____________ (b/Bewegen). Und er hat sich reichliches ____________ (e/Essen) angewöhnt, was man ihm ansieht.

Gesamtpunktzahl: /30 Punkte

Kommasetzung

Du übst, Kommas in Satzgefügen richtig zu setzen.

Merkwissen

In einem **Satzgefüge** werden **Nebensätze** (Ns) vom **Hauptsatz** (Hs) durch **Komma** abgetrennt. Am Anfang des Nebensatzes steht häufig eine Konjunktion (**als, da, weil, wenn, dass, obwohl, nachdem**), z. B.:

Obwohl es heute sehr schwül war, gab es abends kein Gewitter.
Ns — Hs

Ich war morgens, **weil** es sehr warm war, vor der Schule im Freibad.
Hs (Teil 1) — Ns — Hs (Teil 2)

1 **a.** Setze in den Satzgefügen die fehlenden Kommas.
b. Kreise die Konjunktion ein und markiere das Komma.
c. Unterstreiche die Nebensätze einmal und die Hauptsätze zweimal.

Als das Praktikum begann, musste Farina morgens um 06:00 Uhr aufstehen.

Da der Wecker nicht klingelte wachte sie zu spät auf.

Sie musste morgens weil sie verschlafen hatte dem Bus hinterherrennen.

Der erste Praktikumstag machte Irina Spaß obwohl sie zu spät kam.

Irina will wenn das Praktikum beendet ist ihren Berufswunsch überdenken.

2 Der folgende Text enthält sechs Satzgefüge.
a. Kreise die Konjunktionen ein und markiere das Komma.
b. Unterstreiche die Nebensätze einmal und die Hauptsätze zweimal.
c. Schreibe den Text in dein Heft.

Im Berufsinformationszentrum (BiZ)

Weil die Schülerinnen und Schüler im 9. Schuljahr über ihre Zukunft entscheiden müssen, besucht die Klasse das BiZ. Dort informieren sich die Schüler, nachdem sie den Vortrag des Berufsberaters gehört haben, an verschiedenen Stationen. Nadine möchte weiter zur Schule gehen, denn sie hat in den Hauptfächern gute Noten. Max möchte, falls er den Zugang zur Klasse 10 nicht schafft, eine Ausbildung machen. Bevor er sich entscheidet, wartet er das nächste Zeugnis ab. Achmed ist Optimist. Er glaubt, dass ihm alle Türen offen stehen.

3 **a.** Schreibe eigene Satzgefüge mit den Konjunktionen vom Rand.
Stelle den Nebensatz je einmal nach vorne, in die Mitte und nach hinten.
b. Kreise die Konjunktion ein und markiere das Komma.

während, wenn, als

Während meine Mutter noch schlief, machte ich das Frühstück.

Jch machte, während ~~ich~~ mein Toast gegessen habe, Hausaufgaben
~~Als ich meine~~ Ich war überrascht, als ich meine
Nachrichten gelesen habe.
Während ich schlafe, bin ich glücklich

Auch Relativsätze werden durch Komma vom Hauptsatz getrennt.

Merkwissen

Relativsätze sind **Nebensätze, die sich** meist **auf ein vorangehendes Nomen** beziehen. Sie werden immer vom Hauptsatz durch ein **Komma** abgetrennt und durch ein Relativpronomen (z. B. **der, die, das**) eingeleitet, z. B.: **Dem Bürgermeister, der** heute Geburtstag hat, gratulieren wir.

4 **a.** Setze in den Satzgefügen das Komma vor dem Relativsatz. Setze bei eingeschobenen Relativsätzen zwei Kommas.
b. Umkreise das Relativpronomen und unterstreiche die Relativsätze.
c. Markiere im Hauptsatz das Nomen, das durch den Relativsatz erklärt wird.

In unserer Stadt gibt es viele Sportstätten, die auf dem neuesten Stand sind.

Besonders modern ist das Fußballstadion, das sogar eine Rasenheizung hat.

Es gibt Sitzplätze, die überdacht sind, für etwa 40 000 Zuschauer.

Neben dem Stadion gibt es einen Parkplatz, der 4000 Pkws Platz bietet.

Eine Mehrzweckhalle, die 10 000 Zuschauer fasst, steht neben dem Stadion.

5 **a.** Setze im Text die Kommas.
b. Umkreise die Relativpronomen und unterstreiche die Relativsätze.
c. Schreibe den Text in dein Heft.

Sehenswürdigkeiten

Der Stadtführer erzählt einer Reisegruppe, die gerade angekommen ist: Meine Damen und Herren, wir stehen gerade vor dem historischen Rathaus das in den Jahren 1613–1620 erbaut wurde. Beachten Sie bitte die Schnitzereien die von einem alten Meister eingearbeitet wurden an dieser Eichentür. Wir gehen nun weiter zu der Schule im Ortskern. Die Kinder die aus reichen Bürgerfamilien kamen wurden hier vor über 500 Jahren unterrichtet. Im Hintergrund befindet sich ein alter Brunnen der im Original erhalten ist.

6 Verbinde jeweils zwei Sätze mithilfe von Relativpronomen.
Schreibe Satzgefüge mit eingeschobenen Relativsätzen auf.
Tipp: Markiere zuerst das Nomen, das durch den Relativsatz erklärt wird.

Dieser Weg ist viel älter als alle Straßen hier. Der Weg führt in den Wald.

Dieser Weg, der in den Wald führt,

In dem Wald steht eine sehr alte Eiche. Er besteht vor allem aus Kiefern.

Die Bauern trafen sich an dieser Eiche. Sie standen gegen den Fürsten auf.

Auf der Plakette stehen die Namen der Bauern. Sie ist am Baum befestigt.

Auch Infinitivsätze werden durch Komma vom Hauptsatz getrennt.

Merkwissen

> **Infinitivsätze** enden mit einem **Infinitiv mit zu**. Infinitivsätze werden immer vom Hauptsatz durch ein **Komma** abgetrennt.
> Infinitivsätze beginnen häufig mit den Signalwörtern **als**, **um**, **ohne**, **außer**, **anstatt**, z. B.:
> **Ohne** nach links und rechts **zu sehen**, überquerte er die Straße.
> Er überquerte die Straße, **um** seinen Nachbarn **zu begrüßen**.

7 **a.** Setze in den Satzgefügen das Komma vor oder nach dem Infinitivsatz.
b. Unterstreiche die Infinitivsätze.
c. Umkreise die Signalwörter **um**, **ohne** oder **anstatt**.
d. Markiere den **Infinitiv mit zu**.

Um pünktlich zum Vorstellungsgespräch zu gelangen, muss man rechtzeitig aufstehen.

Anstatt mit mir zu telefonieren, könntest du mir auch eine SMS senden.

Sie antwortete einfach, ohne gefragt worden zu sein.

8 Ergänze **Infinitive mit zu** der Verben vom Rand und setze die Kommas.

Es gibt nichts Schöneres als am Strand in der Sonne zu liegen.

Sie ging nach Hause ohne sich umzudrehen.

Anstatt in Wolfsburg planmäßig anzuhalten fuhr der Zug durch.

Um sich in Englisch fortzubilden besuchte sie einen Abendkurs.

Ihr könnt jetzt nichts tun außer das Ergebnis abzuwarten.

abwarten,
umdrehen,
liegen,
anhalten,
fortbilden

9 Setze passende Hauptsätze und Infinitivsätze zusammen.
a. Schreibe drei Satzgefüge mit dem Infinitivsatz am Ende auf.
b. Schreibe drei Satzgefüge mit dem Infinitivsatz am Anfang auf.

Hauptsätze:		Wortgruppen für Infinitivsätze:
Er wollte zu Fuß gehen.		anstatt den Bus zu nehmen
Es ist kaum etwas wichtiger.		als sich rechtzeitig zu entschuldigen
Wir benötigen viel Zeit.	+	um die Klassenfahrt vorzubereiten
Nach der Arbeit ging er nach Hause.		um sich für die Feier umzuziehen
Alles, was ihr tut, ist gut.		außer herumzustehen
Sie nahm den Heiratsantrag an.		ohne zu zögern

Er wollte zu Fuß gehen, anstat den Bus zu nehmen.
Sie schimpfte auf ihre Mitschüler, ohne sich hinterher zu entschul
Anstatt in Wolfsburg planmäßig anzuhalten, fuhr der Zug durch.
Um sich in Englisch fortzubilden, besuchte sie einen Abendkurs
Ihr könnt jetzt nichts tun, außer das Ergebnis abzuwarte

Das kann ich! – Kommasetzung

1 Ergänze die Merksätze.

In einem **Satzgefüge** werden Nebensätze (Ns) vom **Hauptsatz** (Hs) durch Komma abgetrennt.

Relativsätze sind **Nebensätze, die sich** meist **auf ein vorangehendes Nomen** beziehen. Sie werden vom Hauptsatz durch ein **Komma** abgetrennt.

Infinitivsätze enden auf einen **Infinitiv mit zu**. Infinitivsätze werden vom Hauptsatz durch ein **Komma** abgetrennt.

2 Setze in den Satzgefügen die Kommas, umkreise die Konjunktionen und unterstreiche die Nebensätze.

Weil heute Sonntag ist, haben die Geschäfte geschlossen.

Kerstin hat morgens, obwohl sie zu spät aufstand, den Bus noch erwischt.

Meine Eltern vermuten, dass ich mich nicht gut auf den Test vorbereitet habe.

Es wurde, als die Sonne unterging, sehr rasch dunkel.

3 a. Setze die Kommas in den Sätzen.
b. Umkreise die Relativpronomen und unterstreiche die Relativsätze.

A Der Skispringer springt von der Schanze, die im letzten Jahr renoviert wurde.

B Sein altes Fahrrad, das schon etwas rostig ist nimmt Dirk für kurze Strecken.

C Ich gehe mit unserem Hund spazieren, der ein Boxermischling ist.

D Das Skateboard, das so bunt angemalt ist, gehört Petra.

E Der Film, der in unserem Viertel gedreht wurde, läuft jetzt in den Kinos.

F Die Klasse 9 b, die ihr Projekt vorgestellt hat, hat eine nette Klassenlehrerin.

4 Schreibe die Sätze B, D, E und F aus Aufgabe 3 neu in dein Heft. Stelle dabei jeweils den Relativsatz ans Ende. Das Nomen, auf das sich der Relativsatz bezieht, soll am Ende des Hauptsatzes stehen.

5 Setze die Kommas und markiere die **Infinitive mit zu.**

Das Bewerbungsgespräch

Eine direkte Einladung zu einem Bewerbungsgespräch ist besser als vorher noch einen Eignungstest zu machen. Der Personalchef stellt den Bewerbern viele Fragen, um einen Eindruck von der Person zu gewinnen. Auf Fragen zum Interesse an dem Beruf sollte man vorbereitet sein, anstatt ein peinliches Schweigen zu riskieren. Ohne zu zögern, sollte man möglichst alle Fragen beantworten. Außer abzuwarten, kann man nach dem Gespräch wenig tun.

Punkte

1: /4 Punkte
2: /8 Punkte
3a: /10 Punkte
3b: /6 Punkte
4: /12 Punkte
5: /10 Punkte

Gesamtpunktzahl: /50 Punkte

Wortart: Verb

Wiederholung: Präsens, Präteritum und Plusquamperfekt

In geschichtlichen Texten begegnen dir besonders oft die Zeitformen Präsens, Präteritum und Plusquamperfekt.

1 In welchen Zeitformen stehen die Verben?

a. Markiere im Text alle Verben.

b. Ergänze in der Randspalte, in welcher Zeitform die Absätze stehen.

Der Sesselträger – Teil 1

Wenn man heute das Wort Sesselträger hört, so denkt man möglicherweise an den nächsten Umzug und die Person, die beim Transport der Möbel hilft. Doch der Sesselträger war nicht für Umzüge zuständig, sondern so etwas wie das Taxi des 17. Jahrhunderts. Zu dieser Zeit kehrte die Sänfte auf Europas Straßen zurück. Sie bestand aus einer geschlossenen Kabine. An den seitlich angebrachten Stangen trugen zwei Sesselträger sie durch die Stadt.

1. Absatz (Zeilen 1–2)
Zeitform:

____

2. Absatz (Zeilen 3–6)
Zeitform:

____

2 Ergänze im Text passende Zeitformen der Verben vom Rand.
Tipp: Drei Verben musst du im Plusquamperfekt ergänzen.

~~nutzen~~, können, einsetzen, haben, durchkommen, haben, stecken bleiben, sein, anrempeln, durchkommen, einschränken, gelten, verzichten, empfinden

Der Sesselträger – Teil 2

Reichere Menschen nutzten dieses Fortbewegungsmittel, weil sie damit bequem und sicher kurze Strecken in der Stadt zurücklegen __________. Zuvor ________ nur Könige diese Sänften bei Zeremonien und zur Repräsentation __________. Gegenüber der Kutsche ______________ sie einen Vorteil: Sie ______________ überall ________. Denn einerseits ______________ sie keine Räder, die im Straßenschlamm ____________________, andererseits ____________________ die Sesselträger rechte Rüpel, die andere Passanten schon einmal ______________, damit sie selber ____________________. Anfang des 18. Jahrhunderts ____________________ der König den Sänftenverkehr in Berlin ________: Er ____________________ als zu großer Luxus. Übrigens: Nur in London ______________ man lange Zeit auf die Sänften ____________________, denn dort ______________ man den Beruf des Sänftenträgers als menschenunwürdig ____________________.

3 Ergänze die Aussagen über die Zeitformen der Verben im Text.

Der Text ist überwiegend im Präteritum verfasst, weil ____________________

____

An einigen Stellen wurde das Plusquamperfekt verwendet, weil ______________

____

Passiv im Präsens und im Präteritum

Merkwissen

Das **Passiv** beschreibt, was mit einer Person oder einem Gegenstand getan wird. Die handelnde Person wird im Passiv meist nicht erwähnt. Das Passiv wird mit einer Form von **werden** und dem **Partizip Perfekt** gebildet.

Präsens: Das Haus **wird abgerissen.** Präsens von werden + Partizip Perfekt

Präteritum: Das Haus **wurde abgerissen.** Präteritum von werden + Partizip Perfekt

1 **a.** Markiere im Text alle Verbformen im Passiv.
b. Schreibe diese Verbformen, nach Zeitformen geordnet, in dein Heft.

Plastik im Alltag – Teil 1

Heutzutage kann man sich den Alltag ohne Kunststoffe kaum noch vorstellen. Viele Dinge, die früher aus anderen Materialien hergestellt wurden, werden heute durch Kunststoffe ersetzt. So wurden früher alle Getränke in Glasflaschen abgefüllt, die heutzutage in den bruchfesten und leichten PET-Flaschen angeboten werden. Aber auch neue Erfindungen wurden erst durch die Entwicklung von Kunststoffen ermöglicht, wie zum Beispiel die Damenstrumpfhose, die aus Nylon gefertigt wird. Was aber passiert mit Kunststoff- und Plastikprodukten, die nicht recycelt werden?

2 Ergänze im Text Verbformen im Passiv.
Achte darauf, die richtigen Zeitformen zu verwenden.

Plastik im Alltag – Teil 2

Früher ___wurden___ Kunststoffprodukte ___entsorgt___, indem sie auf Deponien ___ ___. Das war jedoch die schlechteste Lösung, denn das Material ___ so jeder weiteren Nutzung ___ und die Umwelt ___ zum Teil in erheblichem Ausmaß ___.
Ein großes Problem des Kunststoffrecyclings ist, dass es so viele unterschiedliche Kunststoffe gibt, die jeweils ___ und unterschiedlich ___ ___. Beim Recycling ___ dazu viel Energie ___. Auch ___ beim Recycling von Kunststoffen in der Regel nicht mehr die Qualität ___, die der Ausgangsstoff hatte. Diese Abwertung ___ als Downcycling ___.
In Laboren ___ seit Jahren nach biologisch abbaubaren Kunststoffen ___. Das wären Kunststoffe, die z. B. durch Sonnenlicht oder Feuchtigkeit ___ und vollständig ___ ___ ___.

~~entsorgen,~~
sammeln,
entziehen,
schädigen,
trennen,
wiederaufbereiten,
aufbringen,
erreichen,
bezeichnen,
forschen,
zerlegen,
abbauen können

Indirekte Rede: Konjunktiv I, II und Ersatzform

Merkwissen

Wenn sich in der **indirekten Rede** der **Konjunktiv I** nicht vom Indikativ unterscheidet, verwendest du den **Konjunktiv II**. Wenn der Konjunktiv II sehr ungewohnt klingt, verwendest du die Ersatzform mit **würde**, z. B.:
Ihr sagt: „Die Schüler **stehen** gerne im Bus." **(Indikativ)**
Ihr behauptet, sie **stehen** gerne. **(Konjunktiv I)** – *kein Unterschied!*
Ihr behauptet, sie **stünden** gerne. **(Konjunktiv II)** – *klingt ungewohnt!*
Ihr behauptet, sie **würden** gerne im Bus **stehen**. – *Ersatzform mit „würde"*

1 Markiere alle konjugierten Verbformen in den Aussagen in wörtlicher Rede.

Sind Zensuren in der Schule sinnvoll?

Hans W. (Direktor der Tell-Grundschule): „Ich bin auf alle Fälle für Zensuren, weil sie eine Orientierung und eine Einschätzung des Lernstandes geben. Rückstände werden damit frühzeitig erkannt. Nur so können dann auch Fördermaßnahmen ergriffen werden."

Lothar M. (Lehrer der Friedberg-Grundschule): „Kinder und Eltern wünschen sich Zensuren, aber vor allem gute Noten. Für viele Schüler sind Zensuren deshalb eher schädlich, weil sie auch entmutigen können. Denn das Lernen wird dann zum Wettkampf."

Sibel C. (Schulsprecherin der Goethe-Oberschule): „Ich finde die Benotung sinnvoll, weil sie mich dazu bringt, mir Mühe zu geben."

2 **a.** Vervollständige die Tabelle mit markierten Verben aus dem Text. Ergänze dabei alle fehlenden Formen.
b. Welche Verbform eignet sich jeweils am besten für die indirekte Rede? Markiere in jeder Zeile der Tabelle eine Verbform.
Tipp: Lies dazu das Merkwissen oben auf der Seite.

Indikativ	Konjunktiv I	Konjunktiv II	„würde"-Form
ich bin	*er sei*	er wäre	*er würde sein*
		sie gäben	
		sie würden	*sie würden werden*
		sie könnten	
		sie wünschten	
	sie seien		
		sie könnten	
		es würde	

3 **a.** Schreibe den Text in indirekter Rede in dein Heft.
Tipp: Ändere auch Personalpronomen und Reflexivpronomen.
b. Markiere jeweils die Verbformen in der indirekten Rede.

Starthilfe
Der Direktor der Tell-Grundschule, Hans W., sagte, dass ...

Das kann ich! – Wortart: Verb

Punkte

1 Ergänze die Verben vom Rand in den richtigen Zeitformen (Präsens, Präteritum oder Plusquamperfekt).

/12 Punkte

~~beschuldigen~~, schieben, stammen, wandern, übernachten, werden, führen, kommen, müssen, bleiben, legen, beschuldigen, tun

Wenn man jemanden zu Unrecht _beschuldigt_, ________ man ihm „die Schuld in die Schuhe". Die Redewendung ________ aus dem Mittelalter. Damals ________ Handwerksgesellen durch das Land und ________ in Herbergen. Dort ________ viel gestohlen – vor allem Geld. Die Diebstähle ________ dazu, dass es in den Schlafsälen häufig zu Durchsuchungen ________. Dann ________ das gestohlene Geld schnell verschwinden. Unbestraft ________ man nur, wenn man es zuvor in den Schuh eines anderen ________ ________. Diesen ________ man dann des Diebstahls, obwohl er nichts ________ ________.

2 Ergänze im Text die Verben vom Rand im Passiv.
Verwende das Präteritum Passiv und das Präsens Passiv.

/7 Punkte

abfüllen, abpacken, einwickeln, einsetzen, herbeiführen, kaufen, wünschen

Verpackungen damals und heute

Vor 100 Jahren ________ Milch in eine Kanne ________, Kaffeebohnen ________ in Tüten ________, Wurst und Käse ________ in Papier ________. Heute ________ vor allem Kunststoffe als Verpackung ________. Dieser Wandel ________ auch durch unsere Einkaufsgewohnheiten ________. Früher ________ die Waren im Laden oft lose ________. Heute hingegen ________ in Selbstbedienungsläden eine hygienische Verpackung ________.

3 **a.** Markiere zuerst alle konjugierten Verben im Text.

/7 Punkte

b. Welche Verbform eignet sich jeweils für die indirekte Rede – **Konjunktiv I**, **Konjunktiv II** oder die **Ersatzform mit würde**?
Schreibe zu jedem Verb die passende Verbform für die indirekte Rede auf.

/7 Punkte

c. Schreibe die Stellungnahme in der indirekten Rede in dein Heft.

/7 Punkte

Bettina W. (Elternvertreterin): „Viele Eltern sind für Noten, weil die Kinder auch später in der Berufsausbildung bewertet werden. Die Schüler selbst wollen ja meistens Noten bekommen, weil sie ihnen bei der Selbsteinschätzung helfen. Natürlich sehen sie auch die Gefahr, dass Zensuren Misserfolge verstärken. Lernen soll ja nicht in erster Linie Wettkampf sein."

____

____

Gesamtpunktzahl: /40 Punkte

Satzgefüge

Konjunktionalsätze

Merkwissen

Satzgefüge bestehen aus Hauptsätzen und Nebensätzen. Die Nebensätze leitest du durch **Konjunktionen** ein, wie z. B. **weil**, **da**, **wenn**, **falls**, **obwohl**, **damit** und **um**, und trennst sie vom Hauptsatz durch ein Komma.

1 **a.** Markiere im Text alle Konjunktionen, die Nebensätze einleiten.
b. Unterstreiche die Nebensätze.

Warum wir ohne die Lüge verloren wären – Teil 1

Wie oft haben Sie heute schon gelogen? Falls Sie nun „Kein einziges Mal" sagen, dann lügen Sie vermutlich schon. Es ist so unwahrscheinlich, weil Wissenschaftler von 200 Lügen pro Tag ausgehen. Wenn wir 16 Stunden täglich wach sind, würden wir 12,5-mal pro Stunde die Wahrheit verdrehen. Obwohl diese Zahlen etwas hoch erscheinen, sind sich alle einig: Wir lügen den lieben langen Tag, wenn wir es auch nicht zugeben.

2 Wo steht das Verb in Nebensätzen? Vervollständige den Merksatz.

In einem Nebensatz steht das Verb ______________________________.

3 **a.** Ergänze in den Satzgefügen sechs unterschiedliche Konjunktionen.
b. Welcher Nebensatz ist ein Infinitivsatz? Markiere ihn.

Warum wir ohne die Lüge verloren wären – Teil 2

Warum aber lügen wir? Wir lügen so gekonnt, __________ unser soziales System nicht zusammenbricht. Unsere Oma wäre traurig, __________ wir ihr offen sagen würden, dass wir ihre Kekse nicht mögen. Ehrlichkeit kann furchtbar sein, __________ wir zum Beispiel einem Freund auch sagen müssten, wenn wir uns über ein Geschenk nicht gefreut haben. __________ wir Freude geheuchelt haben, hätte uns ein iPod viel besser gefallen. Und wie ehrlich ist es, __________ wir behaupten „Ich muss auflegen, __________ Oma beim Bügeln zu helfen"?

4 Bilde Satzgefüge. Verbinde dazu die Sätze mit den Konjunktionen. Schreibe in dein Heft.

Starthilfe

Wir lügen meistens, damit …

Warum wir ohne die Lüge verloren wären – Teil 3

Wir lügen meistens. Wir erleichtern das Zusammenleben und -arbeiten. **(damit)**
Oft ist Schwindeln eine Voraussetzung. Man kommt anderen näher. **(um … zu)**
Wir wollen ein Gespräch mit einem Fremden beginnen. Die Wahrheit führt nicht immer zum Ziel. **(wenn)**
Wir brauchen die Lüge. Sie hat einen schlechten Ruf. **(obwohl)**
Aber die Wahrheit kommt ans Licht. Wir müssen ehrlich zugeben, gelogen zu haben. **(falls)**

Merkwissen

In **Nebensätzen** kannst du z. B. zeitliche Zusammenhänge ausdrücken. Diese Nebensätze leitest du durch die Konjunktionen **nachdem**, **bevor**, **ehe**, **solange**, **seit**, **während**, **als**, **sobald** ein und trennst sie vom Hauptsatz durch ein Komma.

5 **a.** Markiere im Text alle Konjunktionen, die Nebensätze einleiten.
b. Unterstreiche die Nebensätze.

Fehler vermeiden im Vorstellungsgespräch

Man kann es nicht oft genug betonen: Informieren Sie sich über den Betrieb, bevor Sie zum Vorstellungsgespräch gehen. Im Gespräch werden Sie, solange Sie nicht genau über den Betrieb informiert sind, kaum erfolgreich die Fragen zu Ihrer Motivation beantworten können. Sobald man Sie einlässt, begrüßen Sie Ihr Gegenüber mit einem kräftigen Händedruck. Sie sollten einen energischen Eindruck vermitteln – dazu zählt auch der Händedruck. Schauen Sie Ihrem Gesprächspartner in die Augen, während Sie mit ihm reden. Das vermittelt Selbstsicherheit und Offenheit.

6 Formuliere weitere Ratschläge für Vorstellungsgespräche.
a. Ordne den Sätzen passende Wortgruppen vom Rand zu.
b. Notiere daneben geeignete Konjunktionen zum Bilden von Satzgefügen.
c. Bilde aus den Wortgruppen vom Rand Nebensätze.
Schreibe die Satzgefüge in dein Heft.

Namen der Bezugsperson notieren b) ehe

Handy ausstellen ______ ______

nicht übertreiben ______ ______

nicht unfreundlich werden ______ ______

Hochdeutsch reden ______ ______

a) eigene Fähigkeiten vorstellen
b) aus dem Haus gehen
c) Gespräch nicht beendet
d) den Betrieb betreten
e) kritische Fragen gestellt

Starthilfe

Notieren Sie sich den Namen der Bezugsperson, ehe Sie ...

Wenn du Satzgefüge mit der Konjunktion „nachdem" verbindest, verwendest du in Haupt- und Nebensatz unterschiedliche Zeitformen.

7 **a.** Markiere in den Sätzen die Verbformen.
b. Bilde jeweils Satzgefüge mit **nachdem**. Schreibe in dein Heft.

Er meldete sich bei mir. Er hatte meine Bewerbung erhalten.
Wir hatten das Gespräch beendet. Herr Zenker begleitete mich zum Ausgang.
Sie gewann wieder mehr Selbstsicherheit. Sie hatte den Raum verlassen.
Alle Kandidaten hatten sich vorgestellt. Sie mussten sich für einen Bewerber entscheiden.

Starthilfe

Er meldete sich bei mir, nachdem ...

8 Ergänze den Merksatz.

Steht im Hauptsatz als Zeitform das ______________________,

dann folgt im Nebensatz mit „nachdem" das ______________________.

Relativsätze

Merkwissen

Relativsätze sind **Nebensätze, die sich** meist **auf ein vorangehendes Nomen beziehen** (Relation = Beziehung). Du trennst sie immer vom Hauptsatz durch ein Komma und leitest sie durch ein **Relativpronomen** (z. B. **der**, **die**, **das**) ein. Relativpronomen können nach **Präpositionen** stehen.

Relativpronomen können in verschiedenen **Fällen** stehen, z. B:

Hier ist **der Text**, über **den** wir morgen sprechen werden. **(Akkusativ)**

Das ist **die Person**, mit **der** du über dein Problem sprechen kannst. **(Dativ)**

1 **a.** Ergänze in den Sätzen passende Relativpronomen.
b. Markiere das Nomen, auf das sich das Relativpronomen bezieht.

Sibel sucht eine Ausbildung, _die_ nicht zu lange dauert.

Sie bewirbt sich in dem Betrieb, ________ sie vom Praktikum kennt.

Einige ihrer Freunde, mit ________ sie zur Schule geht, wollen studieren.

Morgen ist die Prüfung, auf ________ sie sich so lange vorbereitet hat.

Robert wählt einen Beruf, bei ________ er mit Menschen Umgang hat.

Einige Mitschüler, ________ Noten zu schlecht sind, wiederholen die Klasse.

Ihr Bruder, ________ Zeugnis sie kopieren soll, beginnt bald seine Ausbildung.

2 **a.** Auf welches Wort aus dem ersten Satz bezieht sich der Satz dahinter? Markiere im ersten Satz jeweils das entsprechende Wort.
b. Bilde Satzgefüge mit Relativsätzen. Schreibe in dein Heft. Mache dazu jeweils aus dem zweiten Satz einen Relativsatz. **Tipp:** Manchmal musst du den Relativsatz in den Hauptsatz einschieben. Dann benötigst du zwei Kommas.

Hier ist das Formular. Wir sollen es ausfüllen.
Der Sachbearbeiter wollte mich zurückrufen. Mit ihm habe ich gesprochen.
Zeigst du mir den Brief? Auf ihn hast du so lange gewartet.
Hier ist die Antwort. Bei ihr verstehe ich ein paar Sätze nicht.
Kennst du den Betrieb? In der Zeitung wird über ihn berichtet.
Der Ausbildungsleiter hat viel gefragt. Ich habe seinen Namen vergessen.

3 Ergänze in den folgenden Sätzen jeweils einen Relativsatz.

Ich hätte gerne einen Beruf, bei ________________________________.

Menschen, mit ________________________________

________________________________, mag ich am liebsten.

Ein Film, in ________________________________

________________________________, interessiert mich nicht.

Über Mitschüler, von ________________________________

________________________________, ärgere ich mich.

Das kann ich! – Satzgefüge

1 Ergänze die Merksätze. — /7 Punkte

Zwischen Hauptsatz und Nebensatz steht ein ______________.

Im Nebensatz steht die gebeugte Verbform ________________.

Temporale Nebensätze werden z. B. durch die Konjunktionen __________,

__________, __________ und ____________ eingeleitet. Wenn man

die **Konjunktion** ______________ verwendet, stehen in Haupt- und

Nebensatz unterschiedliche Zeitformen.

2 Ergänze in jedem Nebensatz eine andere Konjunktion. — /4 Punkte

Man sollte pünktlich sein, __________ man einen guten Eindruck macht.

________ man sich oft bewirbt, steigt die Chance auf einen Ausbildungsplatz.

__________ man keinen Ausbildungsvertrag hat, sollte man jede Möglichkeit für einen Test oder ein Vorstellungsgespräch wahrnehmen.

Die Bewerbung passt man für jeden Betrieb an, _________ das viel Arbeit ist.

3 **a.** Mit welchen Konjunktionen vom Rand kannst du die Sätze verbinden? Notiere neben jedem Satzpaar eine passende Konjunktion. — /7 Punkte

b. Bilde Satzgefüge und schreibe sie in dein Heft. — /7 Punkte

weil,
damit,
als,
wenn,
weil,
während,
nachdem

Er kam am Bahnhof an. Sein Zug fuhr gerade ein. __________

Er fuhr nach Bonn. Er las noch einmal in den Unterlagen. __________

In Bonn nahm er schnell den Bus. Er hatte wenig Zeit. __________

Er hatte das Gespräch beendet. Er kaufte sich ein Sandwich. __________

Er hatte den ganzen Tag nichts gegessen. Er hatte keinen Hunger. __________

Er wollte schnell nach Hause. Er musste jetzt zum Bahnhof. __________

Er kehrte zum Bahnhof zurück. Er bekam den Zug um 17 Uhr. __________

4 **a.** Auf welches Wort aus dem ersten Satz bezieht sich der Satz dahinter? Markiere im ersten Satz jeweils das entsprechende Wort. — /5 Punkte

b. Bilde Satzgefüge mit Relativsätzen. Schreibe in dein Heft. Bilde jeweils aus dem zweiten Satz einen Relativsatz. — /10 Punkte
Tipp: Oft musst du vor das Relativpronomen eine Präposition stellen.

Der Zeitungsartikel ist schwer zu verstehen. Du hast ihn mir gegeben.

Meine Freundin hat sich noch nicht gemeldet. Ich habe ihr das Buch besorgt.

Der Personalchef war sehr freundlich. Ich habe mit ihm telefoniert.

Unsere Ausbildung ist ein Thema. Wir unterhalten uns ständig darüber.

Ein alter Lehrer von meiner Schule hat mich auf der Straße erkannt und gegrüßt. An seinen Namen konnte ich mich nicht mehr erinnern.

Punkte

Gesamtpunktzahl: /40 Punkte

Satzglieder

Subjekt und Subjektsatz

Merkwissen

Subjekte können aus einem Wort, einer Wortgruppe oder einem Satz bestehen; der Satz heißt **Subjektsatz**.

Wer zu spät kam, bekam keinen Platz mehr.
Subjektsatz

– Wer oder was bekam keinen Platz mehr?

Dass er so früh eintraf, überraschte mich.
Subjektsatz

– Wer oder was überraschte mich?

1 **a.** Erfrage das Subjekt und markiere es in jedem Satz.
b. Formuliere Satzgefüge mit Subjektsätzen.
Verwende die vorgegebenen Konjunktionen.

Seine ständige Nörgelei nervt mich. **(dass)**

Mich nervt, dass er ständig nörgelt.

Mir ist sein pünktliches Erscheinen nicht so wichtig. **(dass)**

Ein Betrüger verdient kein Vertrauen. **(wer)**

Dein Vorwärtskommen interessiert dich wohl gar nicht! **(ob)**

Das zahlreiche Erscheinen der Besucher erfreute sie. **(dass)**

Subjekte, die aus Nominalisierungen bestehen, erschweren die Verständlichkeit.

2 Formuliere die Sätze um, damit sie verständlicher werden.
a. Markiere die Subjekte.
b. Schreibe die neuen Satzgefüge auf. Beginne die Sätze mit **es**.

Die Senkung des Energiebedarfs ist wichtig.

Es ist wichtig, den Energiebedarf zu senken.

Die Vermeidung von Wärmeverlusten wird in den nächsten Jahren unterstützt.

Die Dämmung von Hauswänden wird mittlerweile staatlich gefördert.

Auch die Verwendung von Thermofenstern wird dringend empfohlen.

Objekt und Objektsatz

Merkwissen

Objekte können aus einem Wort, einer Wortgruppe oder einem Satz bestehen; der Satz heißt **Objektsatz**. Das kann ein Akkusativobjekt, ein Dativobjekt oder ein Präpositionalobjekt sein.
Du kannst ein Objekt in einen Objektsatz umformen.

Er freut sich **auf ihre Reise** in den Ferien.
Objekt

Er freut sich darauf, **dass sie in den Ferien reisen**.
Objektsatz

– Worauf freut er sich?

1 **a.** Erfrage das Objekt und markiere es in jedem Satz.
b. Formuliere Satzgefüge mit Objektsätzen.
Verwende die Konjunktionen **dass** oder **ob**.
Tipp: Aus Possessivpronomen werden im Objektsatz Personalpronomen.

Hiermit teile ich Ihnen meinen Umzug nach Hannover mit.

Hiermit teile ich Ihnen mit, dass ich nach Hannover umziehe.

Sie erkundigte sich nach seiner Zuverlässigkeit.

Sie hörte von seinem verspäteten Abflug.

Er bezweifelte ihre Ehrlichkeit.

2 Formuliere die Sätze in Satzgefüge mit Objektsätzen um.
a. Markiere in jedem Satz das Objekt (Präpositionalobjekt).
Tipp: Frage mit **Wo(r)** + **Präposition** nach dem Objekt.
b. Schreibe die neuen Satzgefüge mit den Objektsätzen auf.
Verwende **da(r)** + **Präposition** im Hauptsatz und einen Nebensatz mit **dass**.

Frau Zahn ärgert sich über das Steigen der Mieten.

Frau Zahn ärgert sich darüber, dass

Sie geht von einer Mieterhöhung um 25 Euro aus.

Aber sie rechnet auch mit einer Gehaltserhöhung.

Und sie hofft auf Erstattung der Fahrtkosten.

Dann kann sie sich weiterhin auf Reisen im Sommer freuen.

Adverbiale Bestimmungen und Adverbialsätze

Merkwissen

Adverbiale Bestimmungen können aus einem Wort, einer Wortgruppe oder einem Satz bestehen; der Satz heißt **Adverbialsatz**. Du kannst eine adverbiale Bestimmung in einen Adverbialsatz umformen.

Vor dem Öffnen des Geräts muss es vollständig entleert sein.
Adverbiale Bestimmung

Bevor das Gerät geöffnet wird, muss es vollständig entleert sein.
Adverbialsatz (Nebensatz)

- Wann muss es vollständig entleert sein?

1 Bilde Adverbialsätze.

a. Welches Nomen aus der adverbialen Bestimmung wird zu einem Verb? Markiere diese Nomen und schreibe passende Verben auf.

b. Ersetze die adverbialen Bestimmungen durch Adverbialsätze. Schreibe die Satzgefüge auf. Stelle dabei den Adverbialsatz nach hinten. Verwende die Konjunktionen vom Rand.

bevor,
wenn,
dadurch,
dass,
nachdem

Vor der erstmaligen Benutzung des Geräts spülen Sie es gründlich aus.

Verb: *benutzen* Satzgefüge: *Sie spülen das Gerät gründlich aus,*
bevor Sie es ______

Nach Entfernen des Kalkfilters spülen Sie ihn unter fließendem Wasser ab.

Verb: ______ Satzgefüge: ______

Durch vorsichtiges Säubern des Geräts schonen Sie die Oberfläche.

Verb: ______ Satzgefüge: ______

Selbst bei täglichem Gebrauch des Geräts reicht eine Entkalkung im Rhythmus von drei Monaten aus.

Verb: ______ Satzgefüge: ______

2 Formuliere die Bedienungsanleitung um. Schreibe in dein Heft. Ersetze dabei die hervorgehobenen adverbialen Bestimmungen durch Adverbialsätze. Verwende die Konjunktionen vom Rand neben Aufgabe 1.

Starthilfe
Nehmen Sie das Gerät aus dem Sockel, bevor Sie ...

Bedienungsanleitung

Vor dem Befüllen des Wassertanks nehmen Sie das Gerät aus dem Sockel. **Durch Drücken auf die Taste neben dem Griff** öffnet sich der Deckel. **Beim Erreichen des Siedepunkts** schaltet sich das Gerät automatisch ab. **Vor der Reinigung des Geräts** muss es von der Stromquelle getrennt werden. Das Gerät darf erst **nach dem vollständigen Abkühlen** gereinigt werden. **Durch regelmäßiges Entkalken** verlängern Sie die Lebensdauer des Geräts.

Das kann ich! – Satzglieder

Punkte

1 Formuliere die Sätze um.
a. Markiere in den Sätzen die Subjekte. /4 Punkte
b. Schreibe neue Satzgefüge auf. Beginne die Sätze mit **es**. /8 Punkte
Ersetze dabei die markierten Nomen durch Infinitive mit **zu**.

Das Finden eines Praktikumsplatzes dauerte eine Weile. ____________________

____

Die gemeinsame Arbeit in der Gruppe hat mir Spaß gemacht. ____________________

____

Das Stoppen der Maschine in der Bewegung war unmöglich. ____________________

____

Das Ausruhen nach dem Lärm in der Pause war wichtig für mich. ____________________

____

2 Formuliere den Brief neu. Schreibe in dein Heft. /12 Punkte
Ersetze dabei die hervorgehobenen Objekte durch Objektsätze.

Sehr geehrte Damen und Herren,

hiermit möchte ich Ihnen **meinen Umzug nach Bremen am 1. September** mitteilen. In diesem Zusammenhang kommt es **zum Auszug aus meiner Wohnung in der Finkenstraße**. Deshalb bitte ich Sie **um Zusendung der Endabrechnung an meine neue Adresse**. Ich bitte Sie **um Bestätigung des Eingangs meines Briefs**.

Mit freundlichen Grüßen
Susanne Blauberg

3 Formuliere die Bedienungsanleitung um. Schreibe unten auf die Linien. /16 Punkte
Ersetze die adverbialen Bestimmungen durch Adverbialsätze und verwende anstelle der Präpositionen passende Konjunktionen.

Bedienungsanleitung: Elektrische Zahnbürste

Vor dem Einschalten des Geräts halten Sie die Bürste an die Zähne. Bei der Reinigung des Gebisses führen Sie die Bürste mit leichtem Druck über die Zähne. Nach Beendigung der Zahnpflege entfernen Sie den Bürstenkopf vom Gerät. Durch das Aufbewahren des Geräts auf dem Ladeteil lädt sich der Akku immer wieder auf.

____

____

____

____

____

____

Gesamtpunktzahl: /40 Punkte

Aufgabentypen in Tests und Prüfungen

Du lernst wichtige Aufgabentypen kennen, die in Tests und Prüfungen vorkommen.

Merkwissen

Bei einer **Multiple-Choice-Aufgabe** (Auswahl-Aufgabe) musst du unter mehreren falschen Aussagen **eine richtige** herausfinden.
Achtung: Lies die Aufgabe genau, denn manchmal wird auch nach der **falschen** Aussage gefragt.

1 Wie nennt man einen Plan für Referate oder Texte, der aus geordneten Überschriften und Stichworten besteht?

☐ a) Gliederung ☐ c) Einleitung
☐ b) Abteilung ☐ d) Skizze

Merkwissen

Bei einer **Richtig-Falsch-Aufgabe** musst du für mehrere Aussagen entscheiden, ob sie zutreffen oder nicht. **Achtung:** Oft hängt die Entscheidung nur von einem Wort ab. Lies die Aussagen sehr genau.

2 Wie verfährst du in einer Stellungnahme mit Gegenargumenten?

	trifft zu	trifft nicht zu
a) Gegenargumente erwähne ich möglichst gar nicht.	☐	☐
b) Nach dem Prinzip der Sanduhr führe ich Gegenargumente vor den eigenen Argumenten an.	☐	☐
c) Gegenargumente erwähne ich nur am Schluss.	☐	☐
d) Gegenargumente entkräfte ich möglichst.	☐	☐

Merkwissen

Eine **Kurzantwort-Aufgabe** verlangt eine selbstständig formulierte Antwort auf die Frage zu einem Text. **Achtung:** Schreibe so kurz und knapp wie möglich, aber immer in einem vollständigen Satz.

3 Welchem Zweck dient die Betreffzeile in offiziellen Briefen?

___

Merkwissen

Bei einem größeren **Schreibauftrag** gliederst du dein Ergebnis meist in **Einleitung**, **Hauptteil** und **Schluss**. Wichtig ist bei solchen Aufgaben, dass du deine Aussagen mit **Textstellen (Zitaten)** belegst und in ganzen Sätzen schreibst.
Größere Schreibaufträge können zum Beispiel sein:
- einen **informativen Text** auf der Basis von Materialien schreiben
- in **einem Leserbrief** zum Thema oder zum Text **Stellung nehmen**
- in einem **offiziellen Brief** die eigene **Position vertreten**
- einen **Tagebucheintrag** zu einem literarischen Text verfassen
- eine **Figurenanalyse** schreiben
- eine **Interpretation** zu einem Prosatext oder einem Gedicht schreiben

In Tests und Prüfungen gute Ergebnisse erzielen

Du gehst in Tests und Prüfungen ruhig und strategisch an die Aufgaben.

1 a. Lies den folgenden Arbeitsauftrag aus einer Prüfung.
b. Wie gehst du vor, wenn die Materialien und Aufgaben vor dir liegen und die Bearbeitungszeit läuft? Beschreibe, wie du Schritt für Schritt vorgehst.

Dein Arbeitsauftrag

1. Bearbeite zu den Materialien M1–M3 die Aufgaben 2 bis 19.
2. Nimm Stellung zu dem folgenden Zitat einer Schülerin:
   „Wir haben im Unterricht ganz viel über die Erderwärmung gehört und über die Gefahren, die sich daraus ergeben. Das Problem für mich ist aber, dass ich nichts daran ändern kann."

➤ Diese Prüfung findest du auf den **Seiten 82–85**.

2 a. Lies die folgende Arbeitstechnik.
b. Überarbeite dein Ergebnis aus Aufgabe 1 b. Schreibe in dein Heft.

Arbeitstechnik

In Prüfungen gute Ergebnisse erzielen

Mit der richtigen Strategie holst du bei jeder Prüfung aus deiner Vorbereitung das bestmögliche Ergebnis heraus.

1. Verschaffe dir einen **Überblick** darüber, was du leisten sollst. **Überfliege** dazu alle **Materialien**, **Schreibaufträge** und **Einzelaufgaben**.
2. **Lies Schreibaufträge** genau, damit du weißt, worauf du beim Lesen der Materialien achten musst.
3. **Teile** deine verbleibende **Bearbeitungszeit** auf die Schritte 4 bis 9 **ein**.
4. **Lies die Materialien** in Ruhe durch. Nutze dabei den Textknacker.
5. **Bearbeite die Einzelaufgaben**. Lies sie vorher genau. Beachte, um was für einen Aufgabentyp es sich jeweils handelt. **Tipp:** Überspringe die für dich „unlösbaren" Aufgaben. Bearbeite sie zum Schluss in deiner Reservezeit.
6. **Bearbeite deinen Schreibauftrag**. Nutze dafür geeignete Arbeitstechniken.
7. **Überarbeite dein Ergebnis** zu dem Schreibauftrag (mit Checklisten). Achte auf die Rechtschreibung, die Grammatik und deinen Stil.
8. **Kontrolliere deine Lösungen** zu den Einzelaufgaben. Achte auf Flüchtigkeitsfehler.
9. **Nutze deine Reservezeit.** Bearbeite zuvor ausgelassene Aufgaben.

Wende diese Arbeitstechnik auf den Seiten 82–92 an.

Zu Sachtexten schreiben

Dein Arbeitsauftrag

1. Bearbeite zu den Materialien M1–M3 die Aufgaben 2 bis 19.
2. Nimm Stellung zu dem folgenden Zitat einer Schülerin:
   „Wie haben im Unterricht ganz viel über die Erderwärmung gehört und über die Gefahren, die sich daraus ergeben. Das Problem für mich ist aber, dass ich nichts daran ändern kann."

➤ Nutze die Arbeitstechnik „In Prüfungen gute Ergebnisse erzielen" von **Seite 81**.

1 Lies den Text mithilfe des Textknackers. Beachte dabei die Grafiken.

Material 1

Die Zeit läuft davon – es wird heiß!

Schlechte Zeiten für den Treibhauseffekt, für alle Missstände auf dieser Welt macht man ihn verantwortlich. Aber dieses natürliche Phänomen macht Leben auf unserem Planeten erst möglich. Ohne den Treibhauseffekt betrüge die Durchschnittstemperatur –19 Grad Celsius, an Leben wäre nicht zu denken. Im Prinzip wird ein Teil der von der Sonne auf die Erde ausgestrahlten Wärme von den Treibhausgasen neutralisiert, sie agieren wie der Deckel eines Kochtopfs. Diesem Phänomen ist zu verdanken, dass die Bilanz zwischen der von der Erde aufgenommenen und der von ihr abgegebenen Wärme ausgeglichen ist. Das heißt: Die Durchschnittstemperatur auf unserem Blauen Planeten bleibt weitgehend konstant. Auch eine andere Behauptung gehört auf den Prüfstand: Sie besagt, dass das wichtigste Treibhausgas nicht das Kohlendioxid (CO_2), sondern der Wasserdampf sei. CO_2 bildet zwölf Prozent der Treibhausgase. 60 Prozent der Treibhausgase in der Atmosphäre bestehen aus Wasserdampf, er ist ursächlich für 90 Prozent des Treibhauseffekts. Im Normalfall ist die Menge von Wasserdampf in der Atmosphäre konstant, aber ein durch den erhöhten CO_2-Ausstoß bedingter Anstieg der Temperatur verstärkt den Prozess der Verdunstung, die Konzentration des Wasserdampfs verdichtet sich. In diesem Teufelskreis stecken wir: Je höher die Temperatur ansteigt, desto intensiver der durch Wolken ausgelöste Treibhauseffekt. Obwohl Kohlendioxid nur zwölf Prozent des Treibhauseffekts ausmacht, wird in der Erhöhung des CO_2-Ausstoßes in die Atmosphäre der wichtigste Grund für die Klimaerwärmung gesehen. Heute werden in der Atmosphäre 385 ppm (Teilchen pro Millionen Luftteilchen) CO_2 gemessen, vor dem Beginn der Industrialisierung lag dieser Wert bei etwa 280 ppm. Nach Angaben des Weltklimarates IPCC (Intergovernemental Panel on Climate Change) hat sich die Temperatur an der Erdoberfläche im Laufe des 20. Jahrhunderts um 0,74 Grad Celsius erhöht.

Es ist schwierig, konkrete Angaben über das Ausmaß der Erderwärmung in den kommenden Jahren zu machen. Denn viel zu zahlreich sind die variablen Klimafaktoren, die mit den Aktivitäten der Menschen, der demografischen[1] Entwicklung, dem Fortschreiten der Entwaldung und der völligen oder partiellen Eisschmelze an den Polkappen in Zusammenhang stehen. Experten des Weltklimarates haben etwa 40 verschiedene Szenarien durchgespielt, sie kommen danach zu folgendem Resultat: Auf der Grundlage aller vorliegenden Daten wird die Erderwärmung bis zum Jahr 2100 um 2,6 Grad Celsius ansteigen. Die optimistischste Schätzung geht von einer Erhöhung von nur 1,1 Grad Celsius aus, eine sehr alarmierende Prognose liegt indessen bei 6,6 Grad Celsius.

Material 2

Anstieg des CO_2 und der Temperatur

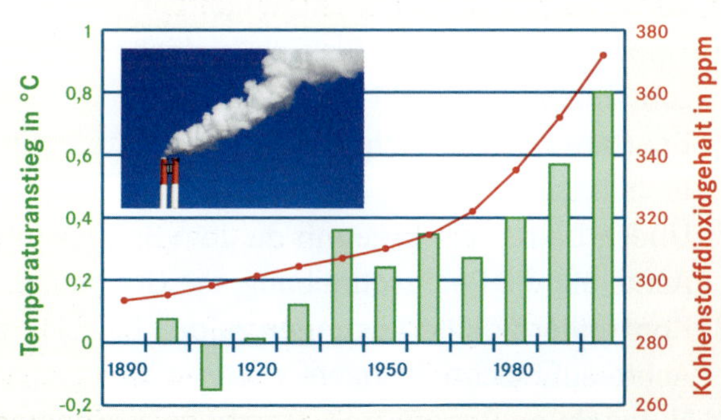

1 demografische Entwicklung: die Entwicklung der Bevölkerung(szahlen)

Material 3

Der Treibhauseffekt

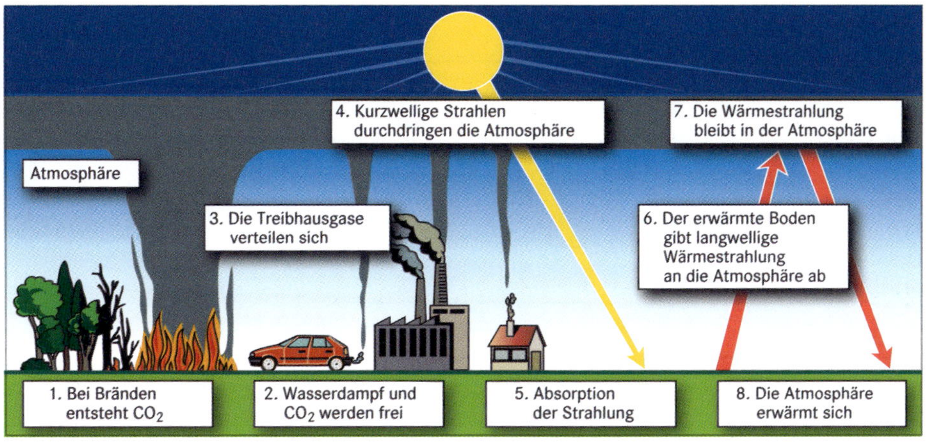

Punkte

Du bearbeitest den ersten Teil deines Arbeitsauftrags.

Kreuze in den Aufgaben 2 bis 4 jeweils die eine richtige Antwort an.

2 Der Treibhauseffekt ... /2 Punkte

- ☐ a) ... macht Leben auf unserem Planeten möglich.
- ☐ b) ... macht Leben auf unserem Planeten unmöglich.
- ☐ c) ... sorgt für eine Durchschnittstemperatur von −19 Grad.
- ☐ d) ... ist für alle Missstände dieser Welt verantwortlich.

3 Welches Treibhausgas verursacht den größten Teil des Treibhauseffekts? /2 Punkte

- ☐ a) das Kohlendioxid
- ☐ b) der Sauerstoff
- ☐ c) der Wasserdampf
- ☐ d) das Treibhausgas

4 Einer alarmierenden Prognose nach wird die Erderwärmung bis zum Jahr 2100 um ... /2 Punkte

- ☐ a) ... 6,6 Grad Celsius ansteigen.
- ☐ b) ... 1,1 Grad Celsius ansteigen.
- ☐ c) ... 2,6 Grad Celsius ansteigen.
- ☐ d) ... gar nicht ansteigen.

5 Um wie viel Grad hat sich die Temperatur auf der Erde im 20. Jahrhundert erhöht? Antworte in einem ganzen Satz. /3 Punkte

____

____

6 Kreuze für jede Aussage an, ob sie zutrifft oder nicht. /4 Punkte

	trifft zu	trifft nicht zu
a) Je höher der CO_2-Gehalt in der Luft, desto höher ist der Temperaturanstieg.	☐	☐
b) Zukunftsprognosen über die Erderwärmung sind sicher.	☐	☐
c) Die Treibhausgase lösen sich nach zwei Monaten auf.	☐	☐
d) Ohne den Treibhauseffekt gäbe es kein Leben.	☐	☐

Gesamtpunktzahl dieser Seite: /13 Punkte

Punkte

7 Weshalb ist es schwierig, über den zukünftigen Temperaturanstieg präzise Aussagen zu machen? Antworte im ganzen Satz. /3 Punkte

____

____

8 Zu welcher Prognose kommen die Experten des Weltklimarates? Schreibe zwei Sätze auf. /4 Punkte

____

____

____

____

Betrachte das Material 2 und kreuze jeweils die richtige Antwort an.

9 Bei der Grafik handelt es sich um ... /2 Punkte

- ☐ a) ... ein Säulendiagramm.
- ☐ b) ... ein Kurvendiagramm.
- ☐ c) ... ein Kreisdiagramm.
- ☐ d) ... eine Kombination aus a) und b).

10 Welcher Zusammenhang wird in Material 2 dargestellt? /2 Punkte

- ☐ a) der Zusammenhang zwischen Kohlendioxid und Luft
- ☐ b) der Zusammenhang zwischen CO_2-Gehalt der Luft und der Erde
- ☐ c) der Zusammenhang zwischen Temperatur und CO_2-Gehalt der Luft
- ☐ d) kein Zusammenhang

11 Kreuze für jede Aussage an, ob sie zutrifft oder nicht. /4 Punkte

	trifft zu	trifft nicht zu
a) Im Zeitraum der Grafik ist die Temperatur immer gestiegen.	☐	☐
b) Der Anstieg des CO_2-Gehalts hat im Laufe der Zeit stark zugenommen.	☐	☐
c) Durch die Ölkrise ist um 1970 die Temperatur besonders stark gestiegen.	☐	☐
d) Der CO_2-Gehalt stieg 1990 erstmals über 350 ppm.	☐	☐

Betrachte das Material 3 und kreuze in den Aufgaben 12 bis 14 jeweils die richtige Antwort an.

12 Bei der Grafik handelt es sich ... /2 Punkte

- ☐ a) ... um ein Tortendiagramm.
- ☐ b) ... um ein Schaubild mit Textinformationen.
- ☐ c) ... um eine Balkengrafik.
- ☐ d) ... um einen Text mit Piktogrammen.

13 Was passiert, wenn die Erde durch die Sonneneinstrahlung aufgeheizt wird? /2 Punkte

- ☐ a) Der erwärmte Boden gibt kurzwellige Wärmestrahlung an die Atmosphäre ab.
- ☐ b) Der erwärmte Boden gibt langwellige Wärmestrahlung an die Atmosphäre ab.
- ☐ c) Der erwärmte Boden gibt keine Wärmestrahlung an die Atmosphäre ab.
- ☐ d) Der erwärmte Boden gibt langwellige Wärmestrahlung ans Weltall ab.

Gesamtpunktzahl dieser Seite: /19 Punkte

14 Die Treibhausgase verhindern, ...

- ☐ a) ... dass kurzwellige Strahlen die Atmosphäre durchdringen.
- ☐ b) ... dass der erwärmte Boden langwellige Strahlung abgibt.
- ☐ c) ... dass die langwellige Wärmestrahlung aus der Atmosphäre entweicht.
- ☐ d) ... dass sich die Atmosphäre erwärmt.

/2 Punkte

15 Welche Strahlen durchdringen die Atmosphäre und woher kommen sie? Antworte in einem Satz.

____

____

/3 Punkte

16 Welche Strahlen durchdringen die Atmosphäre nicht und was bewirken sie? Antworte in einem Satz.

____

____

/3 Punkte

17 Beschreibe die in der Grafik dargestellten Vorgänge in eigenen Worten. Schreibe in dein Heft.

/8 Punkte

Betrachte die Materialien 2 und 3 zusammen und kreuze richtige Antworten an. Es können mehrere Antworten richtig sein.

18 Der in Material 2 dargestellte Temperaturanstieg erklärt sich ...

/2 Punkte

	trifft zu	trifft nicht zu
a) ... durch den sinkenden CO_2-Gehalt in der Luft.	☐	☐
b) ... durch von Menschen produzierte Treibhausgase.	☐	☐
c) ... durch Abgase aus Fabriken, Wohnhäusern und Autos.	☐	☐
d) ... durch die vielen grünen Pflanzen.	☐	☐

19 Kreuze für jede Aussage an, ob sie zutrifft oder nicht.

/4 Punkte

	trifft zu	trifft nicht zu
a) Die beiden Schaubilder haben nichts miteinander zu tun.	☐	☐
b) Waldbrände können nur durch den Menschen ausgelöst werden.	☐	☐
c) Der Mensch trägt in großem Umfang zur Erderwärmung bei.	☐	☐
d) Wenn der Mensch seine Gewohnheiten nicht ändert, wird die Temperatur weiter ansteigen.	☐	☐

20 Bearbeite den zweiten Teil deines Arbeitsauftrags von Seite 82.

/26 Punkte

Eine Schülerin sagt zu dem Thema:
„Wir haben im Unterricht ganz viel über die Erderwärmung gehört und über die Gefahren, die sich daraus ergeben. Das Problem für mich ist aber, dass ich nichts daran ändern kann."
Prüfe, ob diese Aussage eine angemessene Schlussfolgerung darstellt. Du kannst zustimmen, ablehnen oder eine vermittelnde Position einnehmen. Begründe deine Auffassung mithilfe von Zitaten aus dem Text und Aussagen aus den Grafiken. Schreibe in dein Heft.

Gesamtpunktzahl dieser Seite:	/48 Punkte
Gesamtpunktzahl Seite 83:	/13 Punkte
Gesamtpunktzahl Seite 84:	/19 Punkte
Zu Sachtexten schreiben – Gesamtpunktzahl:	/80 Punkte

Punkte

Schriftlich argumentieren

Dein Arbeitsauftrag

Überzeuge den Schulausschuss in einem Brief davon, dass er die Kosten für die Abfalltrennung übernehmen soll.
- Nenne in der Einleitung den Grund des Briefes und eure Meinung.
- Begründe eure Meinung im Hauptteil mit Argumenten und Beispielen.
- Ordne die Argumente und Gegenargumente nach dem Sanduhrprinzip.
- Entkräfte dabei **ein** von dir ausgewähltes Gegenargument.
- Formuliere einen Schluss, in dem du für euren Vorschlag wirbst.
- Beachte alle Anforderungen an einen offiziellen Brief.

➤ Nutze die Arbeitstechnik „In Prüfungen gute Ergebnisse erzielen“ auf **Seite 81**.

1 Lies die Materialien 1 und 2 mithilfe des Textknackers.

Material 1

Wohin mit dem Müll?

Der viele Müll stinkt den Schülerinnen und Schülern der Kurt-Tucholsky-Schule neuerdings. Seitdem ihr Umweltunterricht von Vertretern eines Abfall-Entsorgungsbetriebs begleitet wird, hat sich eine freiwillige Müll-AG gebildet. Zusammen erarbeiteten sie viele gute Vorschläge, wie man mit den Müllbergen umgehen kann.
Die Elternvertreter sind gegen die Müll-AG. Sie sind der Meinung, dass Nachmittagsstunden besser für zusätzlichen Mathe- und Englischunterricht genutzt werden sollten. Und außerdem seien für den Abfall der Schulträger und die Müllabfuhr zuständig. Die Müll-AG kommt in diesem Punkt aber zu einem ganz anderen Ergebnis: Echte Fortschritte kann es in Sachen Müll nur geben, wenn die Müllverursacher Verantwortung für ihr Tun übernehmen. Und diese Müllverursacher sind wir alle. Sie stellen fest, dass das beste Müllkonzept die Müllvermeidung ist. Müllvermeidung ist aber besonders schwierig, weil man viele Gewohnheiten ändern muss. In den Pausen kann man aufwändig verpackte Süßwaren und Getränkedosen kaufen. Die Verpackungen verzieren nach der Pause oft den Schulhof. Pfandflaschensysteme könnten helfen und frische Backwaren könnten eine Alternative für die Süßwaren der Großkonzerne sein. Aber ob er diese Alternativen nutzt, entscheidet jeder Einzelne für sich.
In vielen Schulen wird weder Papier gespart noch Umweltschutzpapier verwendet, die Kopierer spucken massenhaft einseitig bedruckte Blätter aus. Schultaschen enthalten oft kleine Sondermülldeponien: Tintenkiller, lösemittelhaltige Stifte, Radiergummis aus PVC[1] und vieles andere mehr. Wenn jeder Lernende in Deutschland nur 50 Tintenpatronen im Jahr verbraucht, ergibt das eine Müllmasse von ca. 200 Tonnen.
Die Problemlage festzustellen ist die eine Sache, aber was kann man konkret tun? Die Schülerinnen und Schüler beschließen Folgendes: Wenn sich der Müll schon nicht ganz vermeiden lässt, dann kann man ihn wenigstens trennen, um vieles wiederverwerten zu können. Mit einem solchen Recyclingkonzept würde die Schule auch eine Vorbildfunktion für den Stadtteil einnehmen. Außerdem würde durch die Mülltrennung an der Schule das Bewusstsein für das Problem wachgehalten. Dadurch würden sich hoffentlich alle bemühen, Müll möglichst zu vermeiden. Und nicht zuletzt ließen sich auf diese Weise erhebliche Abfallgebühren einsparen. Die Ersparnisse sollen der Schule dann wieder zur Verfügung gestellt werden, so die Vorstellungen der Schülervertreter. Für die Mülltrennung wünschen sie sich kleine Sammelbehälter in den Klassen und ein Sammelzentrum in einer abgelegenen Ecke des Schulhofs. Das kostet natürlich Geld. Nicht alle Schüler- und Elternvertreter sowie der Schulträger (die Verwaltung und die Politiker) sind mit diesem Vorhaben einverstanden. Sie haben Bedenken, dass man sich diese Kosten bei knappen Kassen nicht leisten kann, dass die neuen Abfallbehälter nicht angenommen werden, dass sie zweckentfremdet werden und Problemabfälle auf diese Weise entsorgt werden könnten. Außerdem könnte das neue Sammelzentrum auch von schulfremden Personen genutzt werden.

1 PVC: Polyvinylchlorid, ein Kunststoff

Material 2

Anzuschaffende Behälter für die Mülltrennung

Behälter	Behälterfarbe	Entleerungsort
Papier	blau	Papiertonne (Sammelzentrum)
Wertstoffe (Glas, Aluminium, Kunststoff ...)	grün	Wertstofftonnen (Sammelzentrum)
Bioabfall	braun	Biotonne (Sammelzentrum)
Restmüll	schwarz	Restmüllbehälter (Sammelzentrum)

Punkte

Lies die Fragen zu den Materialien 1 und 2 und kreuze richtige Antworten an. Es können mehrere Antworten richtig sein.

2 Was sind die Themen des Textes und der Tabelle? ☐ /4 Punkte

	trifft zu	trifft nicht zu
a) die Abfallentsorgung in Deutschland	☐	☐
b) unterschiedliche Recyclingmethoden	☐	☐
c) die Abfallbeseitigung in einer Schule	☐	☐
d) die Farbe von Behältern für die Mülltrennung	☐	☐

3 Welche Ziele wollen die Schülerinnen und Schüler erreichen? ☐ /4 Punkte

	trifft zu	trifft nicht zu
a) Bewusstsein für das Müllproblem schaffen	☐	☐
b) Schließung des Schulkiosks	☐	☐
c) Mülltrennung an ihrer Schule	☐	☐
d) eine Vorbildfunktion der Schule erreichen	☐	☐

4 Welche Maßnahmen fordern die Schülerinnen und Schüler für ihre Schule? ☐ /4 Punkte

	trifft zu	trifft nicht zu
a) Sammelbehälter für Mülltrennung in den Klassen	☐	☐
b) tägliche Müllabfuhr	☐	☐
c) ein Sammelzentrum an der Schule	☐	☐
d) einen neuen Kiosk	☐	☐

5 **a.** Markiere im Text alle Pro-Argumente grün und alle Kontra-Argumente rot. ☐ /10 Punkte
b. Ordne die Argumente in Stichworten in die Tabelle ein.

Argumente für und gegen die Mülltrennung an der Schule	
Pro-Argumente	**Kontra-Argumente**

Gesamtpunktzahl: ☐ /22 Punkte

6 **a.** Ordne fünf Pro-Argumente in der Reihenfolge ihrer Überzeugungskraft.
- Das überzeugendste Argument stellst du an den Schluss.
- Du kannst auch einzelne Argumente durch eigene Argumente ersetzen.

b. Begründe in Stichworten, warum das Argument überzeugend ist.

Meine fünf Pro-Argumente	Warum ist das Argument überzeugend?
1	
2	
3	
4	
5	

7 Schreibe zu drei Pro-Argumenten eigene Beispiele auf.
Trage jeweils die Nummer des Arguments davor ein.

Nr.	Beispiele für die Pro-Argumente

8 Welche Gegenargumente kannst du entkräften?
Wähle drei Kontra-Argumente aus und begründe deine Entscheidung.

Drei Kontra-Argumente	Warum ist das Argument nicht überzeugend?
1	
2	
3	

9 Schreibe die Entkräftung zu einem Argument aus Aufgabe 8 auf.

Nr.	Entkräftung der Gegenargumente

10 Bearbeite deinen Arbeitsauftrag von Seite 86. Schreibe in dein Heft.

Punkte

/5 Punkte
/5 Punkte
/9 Punkte
/6 Punkte
/3 Punkte
/20 Punkte

Gesamtpunktzahl dieser Seite: /48 Punkte
Gesamtpunktzahl Seite 87: /22 Punkte
Schriftlich argumentieren – Gesamtpunktzahl: /70 Punkte

Eine Kurzgeschichte interpretieren

Dein Arbeitsauftrag

1. Schreibe eine Interpretation zu der Kurzgeschichte „Das Tränklein".
   Bearbeite folgende Teilaufgaben:
   - Gib den Inhalt der Kurzgeschichte in wenigen Sätzen wieder.
   - Belege, dass es sich bei dem Text um eine Kurzgeschichte handelt.
   - Untersuche die Hauptfiguren.
   - Ist das „Tränklein" hilfreich, harmlos oder gefährlich?
   Deute die Geschichte.
2. Nimm Stellung zu der Aussage: „Dann kommen sie später im Leben, wenn sie bessergestellt sind, wieder und verlangen teurere Sachen." (Z. 99–101)

➤ Nutze die Arbeitstechnik „In Prüfungen gute Ergebnisse erzielen" auf **Seite 81**.

1 Lies den Text mithilfe des Textknackers.

Das Tränklein – John Collier

Nervös wie eine junge Katze stieg Alan Austen eine dunkle, knarrende Treppe unweit der Pell Street hinauf. Auf dem dämmerigen Treppenabsatz suchte er längere Zeit, bis er den gewünschten Namen, kaum leserlich geschrieben, auf einer der Türen fand.
Er stieß die Tür auf, wie man ihn geheißen hatte, und befand sich in einem winzigen Raum, der außer einem einfachen Küchentisch, einem Schaukelstuhl und einem gewöhnlichen Stuhl unmöbliert war. An einer der schmutzig-gelblichen Wände stand ein Regal, das insgesamt etwa ein Dutzend Flaschen und Krüge enthielt.
In dem Schaukelstuhl saß ein alter Mann und las wortlos die Karte, die man ihm gegeben hatte. „Nehmen Sie Platz, Mr Austen", sagte der alte Mann höflich. „Es freut mich, Sie kennen zu lernen."
„Stimmt es", fragte Alan, „dass Sie so eine Mixtur haben, die eine ganz – äh – außergewöhnliche Wirkung hervorruft?"
„Mein lieber Herr", erwiderte der Alte, „mein Sortiment ist nicht sehr groß – ich führe weder Abführmittel noch Arzneien für zahnende Säuglinge –, doch ist es mannigfach auf seine Art. Nichts, was ich verkaufe, glaube ich, hat eine Wirkung, die man genau genommen alltäglich nennen könnte."
„Ja nun", begann Alan, „die Sache ist nämlich die …"
„Hier zum Beispiel", unterbrach ihn der Alte und griff nach einer Flasche auf dem Regal. „Die Flüssigkeit hier ist so farblos wie Wasser, fast ohne Geschmack und absolut unauffällig in Kaffee, Wein oder sonstigen Getränken. Ferner ist sie durch keine bekannte Methode der Autopsie nachweisbar."
„Soll das heißen, dass es ein Gift ist?", rief Alan voll Entsetzen.
„Nennen Sie es Handschuhreiniger, wenn Sie wollen", sagte der alte Mann gelassen. „Vielleicht entfernt es Flecken aus Handschuhen. Ich hab's nie ausprobiert. Aber es tilgt vielleicht auch Flecken im Leben. Auch das Leben muss manchmal zur Reinigung."
„Ich brauche nichts dergleichen", stieß Alan hervor.
„Umso besser für Sie", sagte der Alte. „Wissen Sie, was es kostet? Für einen Teelöffel voll, der übrigens völlig ausreicht, verlange ich fünftausend Dollar. Keinesfalls weniger, nicht einen Penny."
„Hoffentlich sind Ihre Mixturen nicht alle so teuer", meinte Alan besorgt.
„Gott bewahre!", sagte der Alte. „Es hätte zum Beispiel keinen Sinn, einen so hohen Preis für einen Liebestrank zu berechnen. Junge Leute, die einen Liebestrank brauchen, haben sehr selten fünftausend Dollar.

Sonst würden sie ja keinen brauchen."
„Das freut mich zu hören", sagte Alan.
„Ich sehe es folgendermaßen", erklärte der Alte. „Stelle ich einen Kunden mit einer Ware zufrieden, so kommt er wieder, wenn er eine andere braucht. Auch wenn die dann teurer ist. Er wird darauf sparen, wenn es nottut."
„Dann haben Sie also tatsächlich einen Liebestrank zu verkaufen?", fragte Alan.
„Wenn ich keinen zu verkaufen hätte", antwortete der alte Mann und griff nach einer anderen Flasche, „dann hätte ich Ihnen nicht von der anderen Geschichte erzählt. Nur wenn man jemandem dienlich sein kann, darf man sich erlauben, aus der Schule zu plaudern."
„Und dieser Trank", sagte Alan. „Ist er nicht bloß – äh –"
„O nein", sagte der Alte. „Seine Wirkung ist nachhaltig und geht weit über den zeitweiligen Appetit hinaus, obwohl auch der nicht zu kurz kommt. Nein, ganz im Gegenteil: Er wird davon kräftig, anhaltend, unersättlich."
„Wirklich?" Alan versuchte, einen Eindruck wissenschaftlicher Distanziertheit zu vermitteln. „Hochinteressant!"
„Aber betrachten Sie es mal vom Seelischen her!", sagte der Alte.
„Darum geht es mir ja", beteuerte Alan.
„Gleichgültigkeit", fuhr der Alte fort, „wandelt sich in Hingabe, Geringschätzung in Anbetung. Geben Sie der jungen Dame nur einen Fingerhut davon – der Geschmack verliert sich in Orangensaft, Suppen oder Cocktails – und sie wird wie ausgewechselt sein, so leicht und flatterhaft sie auch gewesen sein mag. Sie wird sich nur noch nach Einsamkeit sehnen und – nach Ihnen."
„Das kann ich mir kaum vorstellen", sagte Alan. „Wo sie doch so partysüchtig ist!"
„Sie wird nichts mehr dafür übrighaben", sagte der Alte. „Aus Angst vor den hübschen Mädchen, denen Sie begegnen könnten."
„Dann wäre sie ja buchstäblich eifersüchtig!", rief Alan verzückt. „Eifersüchtig auf mich?"
„Ganz richtig, sie wird Ihr Ein und Alles sein wollen."
„Sie ist es ja schon. Nur liegt ihr nichts daran."
„Das wird sich ändern, sobald sie dies hier im Leibe hat. Dann wird ihr sehr viel daran liegen. Sie werden der Mittelpunkt ihres Lebens sein."
„Großartig!", rief Alan.
„Sie wird alles wissen wollen, was Sie tun", sagte der Alte, „Alles, was Sie tagsüber erlebt haben. Bis ins Kleinste. Sie wird wissen wollen, was Sie gerade denken, warum Sie plötzlich lächeln, warum Sie traurig aussehen."
„Das nenne ich Liebe!", rief Alan.
„Jawohl", sagte der alte Mann. „Und wie gewissenhaft sie für Sie sorgen wird! Sie wird nie zulassen, dass Sie sich zu sehr anstrengen, dass Sie in Zugluft sitzen, dass Sie Ihre Ernährung vernachlässigen. Wenn Sie sich um eine Stunde verspäten, wird sie in tausend Ängsten schweben. Sie wird sich einbilden, Sie seien tot oder einer Sirene ins Netz gegangen."
„Das kann ich mir bei Diana kaum vorstellen!", rief Alan, von Freude überwältigt.
„Sie brauchen Ihre Fantasie gar nicht erst anzustrengen", sagte der Alte. „Und nebenbei gesagt – da es nun einmal Sirenen gibt –: Sollten Sie später zufällig ein bisschen straucheln, so brauchen Sie sich keine Sorgen zu machen. Letzten Endes verzeiht sie Ihnen. Es tut ihr natürlich furchtbar weh, aber sie verzeiht Ihnen – letzten Endes."
„So etwas wird nie vorkommen", erklärte Alan heftig.
„Natürlich nicht", pflichtete der Alte bei. „Aber selbst wenn, so hätten Sie keinen Grund zur Sorge. Sie wird sich nie von Ihnen scheiden lassen. Ausgeschlossen! Und von sich aus wird sie Ihnen selbstverständlich nie den geringsten, auch nicht den allergeringsten, Anlass zum – Zweifel geben."

Punkte

„Und was kostet die wunderbare Mixtur?", fragte Alan.

„Nicht so viel wie der Handschuhreiniger oder – Lebensreiniger, wie ich ihn manchmal nenne. Keinesfalls. Der kostet fünftausend Dollar, keinen Penny weniger. Man muss darauf gespart haben."

„Aber der Liebestrank?", fragte Alan.

„Ach so, der!", sagte der Alte. Er öffnete die Schublade des Küchentischs und zog ein ziemlich verschmutztes Fläschchen heraus. „Der kostet nur einen Dollar."

„Ich kann gar nicht sagen, wie dankbar ich Ihnen bin", sagte Alan, während er zusah, wie der Alte das Fläschchen füllte.

„Ich komme meinen Kunden gern entgegen", sagte der Alte. „Dann kommen sie später im Leben, wenn sie bessergestellt sind, wieder und verlangen teurere Sachen. So, hier haben Sie Ihren Trank. Sie werden sehen, er wirkt Wunder."

„Nochmals vielen Dank", sagte Alan. „Leben Sie wohl!"

„Au revoir[1]", sagte der alte Mann.

1 Au revoir: französisch für: Auf Wiedersehen

Bearbeite die folgenden Aufgaben, bevor du deinen Arbeitsauftrag von Seite 89 ausführst.

2 Was verkauft der alte Mann? Kreuze an. — /4 Punkte

	trifft zu	trifft nicht zu
a) Der Apotheker führt Arzneimittel, aber nicht für zahnende Säuglinge.	☐	☐
b) Der alte Mann verkauft ein mörderisches Gift zu hohen Preisen.	☐	☐
c) Liebestränke bietet der alte Mann sehr günstig an.	☐	☐
d) Abführmittel verkauft der alte Mann als „Handschuhreiniger".	☐	☐

3 Welche Handlungen geschehen in der Kurzgeschichte? Kreuze an. — /4 Punkte

	trifft zu	trifft nicht zu
a) Der alte Mann preist die Wirkung seiner Waren an.	☐	☐
b) Der alte Mann erklärt, wie man sich Frauen gegenüber verhalten soll.	☐	☐
c) Alan Austen möchte lernen, wie er eine Frau für sich gewinnen kann.	☐	☐
d) Alan Austen interessiert sich für ein Wundermittel, das ihm hilft, seine Ziele zu erreichen.	☐	☐

4 Schreibe die Inhaltsangabe in dein Heft. Beantworte darin diese Fragen. — /12 Punkte
- In welcher Situation ist Alan Austen?
- Was möchte er von dem alten Mann?

Beschreibe die Handlung so kurz wie möglich und im Präsens.

Du untersuchst, ob die Merkmale einer Kurzgeschichte zutreffen.

5 Treffen die folgenden Merkmale einer Kurzgeschichte auf diesen Text zu? Kreuze an. — /5 Punkte

	trifft zu	trifft nicht zu
a) unvermittelter Einstieg	☐	☐
b) alltägliches Geschehen	☐	☐
c) kurzer Zeitabschnitt	☐	☐
d) nur wenige Figuren	☐	☐
e) offenes Ende	☐	☐

6 Begründe für jedes Merkmal, warum es zutrifft oder nicht zutrifft. Belege deine Aussagen mit Textstellen oder Zitaten. Schreibe in dein Heft — /10 Punkte

Gesamtpunktzahl: /35 Punkte

Punkte

Du untersuchst die Hauptfiguren in der Kurzgeschichte.

7 Was erfährst du über Alan Austen? Beschreibe ihn in ganzen Sätzen. /4 Punkt

8 Wer ist die Frau, für die Austen den Liebestrank braucht? Schreibe einen Satz. /2 Punkt

9 Was erfährst du über die Person des alten Mannes? Schreibe einen Satz. /3 Punkt

Du deutest die Geschichte, indem du Fragen beantwortest.

10 Beantworte die folgenden Fragen in ganzen Sätzen. /6 Punkt

- Warum verkauft der alte Mann den Liebestrank für nur einen Dollar?
- Wieso erzählt der Mann mehrmals von einem Gift, das Austen gar nicht kaufen will?
- Warum sagt Alan Austen zum Abschied „Leben Sie wohl!“, der alte Mann jedoch „Au revoir“?

11 Löse den ersten Arbeitsauftrag. Schreibe deine Interpretation in dein Heft. /15 Punk

Du nimmst Stellung zu der Aussage: „Dann kommen sie später im Leben, wenn sie bessergestellt sind, wieder und verlangen teurere Sachen.“

12 **a.** Wer sind „sie“, von denen der alte Mann hier spricht? /2 Punkt

b. Was meint der alte Mann mit den „teurere(n) Sachen“? /3 Punkt

13 Löse den zweiten Arbeitsauftrag. Schreibe deine Stellungnahme in dein Heft. /10 Punk

Gesamtpunktzahl dieser Seite: /45 Punk

Gesamtpunktzahl Seite 91: /35 Punk

Gesamtpunktzahl: /80 Punk

Pluspunkte sammeln

Die volle Punktzahl erreichst du, wenn du deine Texte gut formulierst.

Arbeitstechnik

Texte verbessern
Beim **Überarbeiten** deiner Texte prüfst du zuerst die **Rechtschreibung** und die **Grammatik**. Das ist selbstverständlich. Pluspunkte sammelst du, wenn dir **stilistische Verbesserungen** gelingen:
- **Vermeide die Wiederholung** von Begriffen, Verben und Satzanfängen.
- Verwende **Satzgefüge** mit geeigneten **Konjunktionen**.
- Verwende passende **Zeitformen** und **Adverbien**.
- Beschreibe genau mithilfe von **Adjektiven** und **Relativsätzen**.
- Nutze das **Passiv** und die **indirekte Rede** mit dem **Konjunktiv**.

Punkte

1 Lies die Arbeitstechnik.

2 Überarbeite den Sachtext in deinem Heft.
a. Vermeide die Wiederholung von Begriffen, Verben und Satzanfängen. /9 Punkte
b. Ersetze die markierten Adjektive durch besser passende Adjektive. /3 Punkte
c. Verwende mindestens drei Relativsätze und ein Satzgefüge mit der Konjunktion „obwohl". /8 Punkte

Der Regenwald

Der Regenwald heißt Regenwald, weil es viel regnet. Der Aufbau des Regenwaldes ist wie ein Haus aufgebaut.
Das Dachgeschoss besteht aus 40 – 50 Meter hohen Bäumen. Ihre Kronen bilden eine lückenlose Decke. Das Dachgeschoss lässt nur sehr wenig Sonnenlicht durch. Bis zu 80 Meter hohe Bäume gehen über das Dachgeschoss hinaus. Sie heißen Überständer.
Im Mittelgeschoss ist flaues Licht. Es besteht aus jungen Bäumen. Es gibt auch Sträucher.
Im Erdgeschoss stößt man schon nach wenigen Zentimetern auf Sand und Lehm. Es gibt Moose, Farne und Pilze. Es gibt nur eine kleine Humusschicht. Der Regenwald ist sehr fruchtbar. Trotzdem ist der Boden auf Dauer für Landwirtschaft nicht geeignet.

3 Überarbeite auch den folgenden Text in deinem Heft.
a. Verwende passende Adverbien und vermeide Wiederholungen. /5 Punkte
b. Verwende Verben in der richtigen Zeitform. /5 Punkte
c. Verbinde die ersten drei Sätze zu einem Satzgefüge. /4 Punkte
d. Verbinde auch die letzten drei Sätze zu einem Satzgefüge. Ersetze dabei zwei Nebensätze mit „dass" durch die indirekte Rede mit dem Konjunktiv. /6 Punkte

In dem Fanbrief beschreibt der junge Mann etwas. Er hatte einen bestimmten Eindruck gehabt. Nämlich, als ob das Leben der Schauspielerin aus ganz besonderen Ereignissen und Luxus bestand. Er nennt sie dann „eine wandelnde Orchidee" (Z. 54), „erlesen, exotisch, einzigartig" (Z. 54 f.). Mit dieser Metapher gibt der Fan seinen Eindruck von der Schauspielerin gefühlvoll wieder. Ihr Pelzmantel gleicht in seinen Augen „einem luftigen Schneegebilde" (Z. 41).
Mit diesem Vergleich hat er dann versucht, die Wirkung der Schauspielerin anschaulich zu machen. Dann hat er geschrieben, dass er nicht glaubt, ihr je zu begegnen. Er setzt dann fort, dass er das nicht wirklich hoffen kann. Obwohl er auch schreibt, dass er weiß, dass manch einer es schaffen würde.

Gesamtpunktzahl: /40 Punkte

Wissenswertes auf einen Blick

Rechtschreiben, Zeichensetzung

Das Gliedern, das Verlängern, das Ableiten

Beim **Gliedern** zerlegst du mehrsilbige Wörter in Sprechsilben, z. B.: Er | eig | nis | se.

Durch **Verlängern** kannst du Endbuchstaben hörbar machen.
Pferd – Pferde, er schwingt – schwingen, wütend – wütende

ä/äu oder e/eu? Wenn du nicht sicher bist, kannst du das Wort **ableiten**.
Findest du ein verwandtes Wort mit **a/au**, dann schreibe **ä/äu**.
die W**ä**lder – der W**a**ld die B**äu**me – der B**au**m

Fremdwörter

Viele Fremdwörter haben typische Buchstaben oder Buchstabenkombinationen, z. B.:
y das S**y**stem, **ph** das Al**ph**abet, **c** der **C**lown, **rh** das **Rh**euma, **ch** das **Ch**aos, **th** die **Th**eke.

Übungen S. 56–57

Zusammen- und Getrenntschreibung

Aus **Nomen + Verb** entsteht ein **zusammengesetztes Nomen**.
Aus **Verb + Verb** entsteht ein **zusammengesetztes Nomen**.
Die Wörter **das**, **zum**, **beim** und **vom** machen 's! Zum Beispiel:
Heute gehe ich **Fußball spielen**. Das **Fußballspielen** macht mir Freude.
Ich will **spazieren gehen**. **Beim Spazierengehen** geht es mir gut.

Wortgruppen aus **Adjektiv + Verb** werden **zusammengeschrieben**,
wenn eine **neue (übertragene) Gesamtbedeutung** gemeint ist.

Zusammenschreibung: Wir konnten nicht alle Probleme lösen, einige Fragen mussten **offenbleiben**.
→ **übertragene Bedeutung:** Einige Fragen konnten nicht gelöst werden.
Getrenntschreibung: Das Fenster soll **offen bleiben**.
→ **direkte Bedeutung:** Das Fenster soll nicht geschlossen werden.

Übungen S. 58–59

Großschreibung

Zusammengesetzte Nomen werden **großgeschrieben**. Die Wörter **das**, **beim**, **zum** machen 's.

Nomen + Verb:	Rad fahren	– beim Radfahren
Verb + Verb:	spazieren gehen	– zum Spazierengehen
Adjektiv + Verb:	geheim halten	– das Geheimhalten

Verben werden **nominalisiert** und **großgeschrieben**, wenn ...
... ein **Artikel** davorsteht, z. B.: Lustig klang **das Lachen**.
... ein **Attribut** davorsteht, z. B.: Manchmal stört **lautes Lachen**.
... eine (erweiterte) **Präposition** davorsteht, z. B.: Er geht **zum** (zu dem) **Lachen** in den Keller.
... ein Possessivpronomen davorsteht, z. B.: Er ließ **sein Lachen** hören.

Übungen S. 60–61

Komma in Satzgefügen, Relativsätzen und Infinitivsätzen

In einem Satzgefüge werden **Nebensätze** (Ns) vom **Hauptsatz** (Hs) durch Komma abgetrennt.
Am Anfang des Nebensatzes steht häufig eine Konjunktion (**als**, **weil**, **dass**, **obwohl** ...), z. B.:
Obwohl es heute sehr schwül war, gab es abends kein Gewitter.
Konj. Ns Hs

Relativsätze sind **Nebensätze**, **die sich** meist **auf ein vorangehendes Nomen** beziehen. Sie werden immer vom Hauptsatz durch ein **Komma** abgetrennt und durch ein Relativpronomen (z. B. **der**, **die**, **das**) eingeleitet, z. B.:

Dem Bürgermeister, **der** heute Geburtstag hat, gratulieren wir.

Infinitivsätze enden mit einem erweiterten **Infinitiv mit zu**. Infinitivsätze sind **Nebensätze** und werden immer vom Hauptsatz durch ein **Komma** abgetrennt. Infinitivsätze beginnen häufig mit den Signalwörtern **als**, **um**, **ohne**, **außer**, **anstatt**, z. B.:

Ohne nach links und rechts **zu sehen**, überquerte er die Straße.

Er überquerte die Straße, **um** seinen Nachbarn zu begrüßen.

Übungen S. 64–67

Grammatik

Verben

Verben sind Tätigkeitswörter und geben an, was jemand tut oder was geschieht. Verben bilden verschiedene Zeitformen.

Verben im Präsens verwendest du, um auszudrücken,
- **was man regelmäßig tut**: Karl **schreibt** seinem Vater jede Woche einen Brief.
- **was man jetzt tut**: Karl **schreibt** seinem Vater gerade einen Brief.

Bei vielen Verben bleibt im Präsens der Verbstamm gleich. Es verändern sich nur die Endungen. Sie richten sich nach der Person. **Zusammengesetzte Verben** können im Satz getrennt stehen: einkaufen – im Satz: Er kauft Futter ein.

Verben im Präteritum verwendest du meist, wenn du **schriftlich über etwas berichtest** oder **erzählst**, was schon vergangen ist: Auch in Berlin **feierten** zahlreiche Fans den Sieg der Nationalmannschaft.

Verben im Perfekt verwendest du meist, wenn du etwas **mündlich erzählst**, was schon vergangen ist.
Viele Verben bilden das Perfekt mit **haben**: Sie hat gebacken.
Manche Verben bilden das Perfekt mit **sein**: Wir sind gelaufen.

Das Plusquamperfekt verwendest du, wenn du ausdrücken willst, dass etwas **vor einem zurückliegenden Ereignis geschah**: Chaos brach aus, nachdem die Luftbehörden den Luftraum über vielen Ländern **geschlossen hatten**.

Übungen S. 68

Das Passiv beschreibt, was mit einer Person oder einem Gegenstand getan wird.
Die handelnde Person wird im Passiv meist nicht erwähnt. Das Passiv wird mit einer Form von **werden** und dem **Partizip Perfekt** gebildet.
Präsens: Tausend Flüge **werden gestrichen**.
Präteritum: Tausend Flüge **wurden gestrichen**.

Übungen S. 69

Verben im Konjunktiv I drücken unsichere Informationen aus. Auch bei nichtwörtlicher Rede (indirekter Rede) wird der Konjunktiv I verwendet. Dadurch wird deutlich, dass die Aussage nicht wahr sein muss:
Er sagt, er **laufe** jeden Morgen zehn Kilometer.

Verben im Konjunktiv II (Möglichkeitsform des Verbs) drücken aus, dass etwas nicht oder noch nicht Wirklichkeit ist.
Den Konjunktiv II verwendest du aber auch in der indirekten Rede, wenn sich der Konjunktiv I nicht vom Indikativ unterscheidet:
Wörtliche Rede: „Wir **kommen** jetzt." Indirekte Rede: Er sagt, sie **kämen** jetzt.
In Form einer **Frage** drückt der **Konjunktiv II Aufforderungen** oder **Bitten höflicher** aus als der Imperativ.
Häufig muss man dabei noch das Wort **bitte** ergänzen, z. B.:
Imperativ (Befehlsform): **Sei** leise! Frage mit Konjunktiv II: **Würdest du bitte leise sein**?
Der **Konjunktiv II** wird vom Präteritum abgeleitet.

Präteritum:	du hattest	sie blieb	ich fand
Konjunktiv II:	du hättest gern ...	sie bliebe bestimmt ...	ich fände schön ...

Übungen S. 70

Pronomen

Personalpronomen: Die Personalpronomen **ich**, **du**, **er**, **sie**, **es**, **wir**, **ihr**, **sie** kannst du für Personen, Lebewesen und Dinge einsetzen. Martin fährt Fahrrad. **Er** fährt schnell.

Possessivpronomen: Die Possessivpronomen **mein/meine**, **dein/deine**, **sein/seine**, **ihr/ihre**, **unser/unsere**, **euer/eure**, **ihr/ihre** zeigen an, wem etwas gehört.

Relativpronomen: Mit den Relativpronomen **der**, **die**, **das** / **welcher**, **welche**, **welches** kann man **Nebensätze** einleiten. Das Relativpronomen **bezieht sich auf ein Nomen** oder **Pronomen** und steht nach einem **Komma**, z. B.:
Ich lese das Buch, **das** du mir geschenkt hast.

Übungen S. 65, 74

Demonstrativpronomen: Mit den Demonstrativpronomen **dieser**, **diese**, **dieses** / **jener**, **jene**, **jenes** kann man auf etwas zeigen oder hinweisen, z. B.:
Sie mochte **dieses** Lied, weil es sie an **jenen** Tag erinnerte.

Adverbien

Adverbien (Umstandswörter) machen genaue Angaben zu einem Geschehen.
Adverbien des Ortes drücken aus, wo etwas geschieht, z. B. **draußen**.
Adverbien der Zeit drücken aus, wann etwas geschieht, z. B. **immer**.
Adverbien der Art und Weise drücken aus, wie etwas geschieht, z. B. **gern**.
Adverbien des Grundes drücken aus, warum etwas geschieht, z. B. **deshalb**.
Tim mag frische Luft. Er spielt **deshalb immer gern draußen**.

Der Satz

Eine **Satzreihe** besteht aus mindestens zwei **Hauptsätzen**. Zwei oder mehr Hauptsätze können mit nebenordnenden Konjunktionen, z. B. **denn** oder **aber,** verbunden werden.
Eva gibt sich im Praktikum Mühe, **denn** sie verdankt den Praktikumsplatz ihrer Tante.

Ein **Satzgefüge** besteht aus **Hauptsätzen** und **Nebensätzen**. Die Nebensätze leitest du durch **Konjunktionen** ein, wie z. B. **weil**, **da**, **wenn**, **falls**, **obwohl**, **damit** und **um**, und trennst sie vom Hauptsatz durch ein Komma.

Konjunktionalsätze sind Nebensätze (Ns), die mit einer Konjunktion eingeleitet werden, z. B. **als**, **weil**, **wenn**, **obwohl**, **damit**, **dass**, **sodass**, **solange** und **nachdem**. Sie können **vor (Spitzenstellung)** oder **nach (Endstellung) dem Hauptsatz (Hs)** stehen, z. B.: **Obwohl** sie nur Gutes hört, sorgt sich die Tante.

Infinitivsätze bestehen aus einem **Infinitiv mit zu** und mindestens einem weiteren Wort. Einen Infinitivsatz kannst du oft **statt eines dass-Satzes** bilden, z. B.:
Ich hoffe, dass ich morgen Zeit habe. Ich hoffe, morgen Zeit zu haben.
Der Infinitivsatz steht meist hinter dem Hauptsatz (Endstellung) und wird durch ein Komma von diesem abgetrennt.

Relativsätze sind **Nebensätze, die sich** meist **auf ein vorangehendes Nomen beziehen** (Relation = Beziehung).
Du trennst sie immer vom Hauptsatz durch ein Komma und leitest sie durch ein **Relativpronomen** (z. B. **der, die, das**) ein.
Relativpronomen können nach Präpositionen stehen.
Relativpronomen können in verschiedenen Fällen stehen, z. B.:

Hier ist der Text, über den wir morgen sprechen werden. **(Akkusativ)**

Das ist die Person, mit der du über dein Problem sprechen kannst. **(Dativ)**

Übungen S. 72–75

Satzglieder und Attribute

Das Subjekt kann eine Person oder eine Sache sein. Mit **Wer?** oder **Was?** fragst du nach dem Subjekt:
Sabine hat Geburtstag. – Wer hat Geburtstag? – Sabine.

Das Prädikat sagt etwas darüber aus, was jemand tut oder was geschieht. Mit **Was tut ...?** fragst du nach dem Prädikat:
Eric **gratuliert**. – Was tut Eric? – Eric **gratuliert**.

Objekte
Mit **Wen?** oder **Was?** fragst du nach dem **Akkusativobjekt**.
Sabine bringt den Gast zur Tür. – Wen bringt Sabine zur Tür? – Den Gast.
Mit **Wem?** fragst du nach dem **Dativobjekt**.
Sarah gratuliert dem Geburtstagskind. – Wem gratuliert Sarah? – Dem Geburtstagskind.

Adverbiale Bestimmungen
Nach der **adverbialen Bestimmung der Zeit** fragst du mit **Wann?**
Der Spion kam um zehn Uhr. Wann kam der Spion? – Um zehn Uhr.
Nach der **adverbialen Bestimmung des Ortes** fragst du mit **Wo?, Woher?, Wohin?**
Er traf den Mann am Bahnhof. Wo traf er den Mann? – Am Bahnhof.
Nach der **adverbialen Bestimmung der Art und Weise** fragst du mit **Wie?**
Die Geldübergabe verlief hektisch. – Wie verlief die Geldübergabe? – Hektisch.
Nach der **adverbialen Bestimmung des Grundes** fragst du mit **Warum?**
Wegen der Eile übersah er ihn. – Warum übersah er ihn? – Wegen der Eile.

Genitivattribute stehen **hinter** einem Nomen und geben **zusätzliche Informationen** zu dem Nomen.
Sie antworten auf die Frage: **Wessen?**
Das Handy meines Bruders ist kaputt. – Wessen Handy ist kaputt? – Das Handy meines Bruders.

Adjektivische Attribute stehen **vor** dem Nomen. Sie antworten auf die Fragen: **Welche?/Welcher?**
Heute kommt meine beste Freundin. Welche Freundin? – Die beste Freundin.

Satzglieder können auch in Form von **Nebensätzen** vorkommen.
Subjekte formst du in **Subjektsätze** um, z. B.: Seine ständige Nörgelei nervt mich.
Mich nervt, dass er stängig nörgelt.
Objekte formst du in **Objektsätze** um, z. B.: Er freut sich auf ihre Reise in den Ferien.
Er freut sich darauf, dass sie in den Ferien reisen.
Adverbiale Bestimmungen formst du in **Adverbialsätze** um, z. B.:
Vor dem Öffnen des Geräts muss es vollständig entleert sein.
Bevor das Gerät geöffnet wird, muss es vollständig entleert sein.

Übungen S. 76–79

Mehr **Wissenswertes auf einen Blick** findest du vorne im Heft und in den Klappen.
Öffne die Klappen, um zum Beispiel mit dem **Textknacker** zu arbeiten.